梦山书系

★ 全国幼儿教师培训用书

幼儿园可操作的区角活动180例

王哼 ◎ 主编

海峡出版发行集团 | 福建教育出版社

图书在版编目（CIP）数据

　　幼儿园可操作的区角活动180例/王哼主编．—福州：福建教育出版社，2020.1（2023.5重印）
　　ISBN 978-7-5334-8530-6

　　Ⅰ.①幼… Ⅱ.①王… Ⅲ.①游戏课—教学研究—学前教育 Ⅳ.①G613.7

　　中国版本图书馆CIP数据核字（2019）第183613号

You'eryuan Ke Caozuo de Qujiao Huodong 180 Li
幼儿园可操作的区角活动180例
王哼　主编

出版发行	福建教育出版社
	（福州市梦山路27号　邮编：350025　网址：www.fep.com.cn）
	编辑部电话：010-62027445
	发行部电话：010-62024258　0591-87115073）
出 版 人	江金辉
印　　刷	福州印团网印刷有限公司
	（福州市仓山区建新镇十字亭路4号）
开　　本	710毫米×1000毫米　1/16
印　　张	13.25
字　　数	190千字
插　　页	1
版　　次	2020年1月第1版　2023年5月第5次印刷
书　　号	ISBN 978-7-5334-8530-6
定　　价	45.00元

如发现本书印装质量问题，请向本社出版科（电话：0591-83726019）调换。

目 录

生活区

1. 编辫乐 …………………… 3
2. 编织 ……………………… 4
3. 剥剥乐 …………………… 5
4. 飞盘连一连 ……………… 6
5. 分类 ……………………… 7
6. 给大嘴巴喂饭 …………… 8
7. 好玩的木塞 ……………… 9
8. 太阳花 …………………… 10
9. 填补五官 ………………… 11
10. 袜子商店 ………………… 12
11. 我的牙齿 ………………… 13
12. 洗刷刷 …………………… 14
13. 鞋袜配对 ………………… 15

益智区

14. 翻翻乐 …………………… 19
15. 各种各样的图形 ………… 20
16. 滚方块 …………………… 21
17. 海底世界 ………………… 22
18. 好朋友派对 ……………… 23
19. 好玩的糖果 ……………… 24
20. 好玩的图形 ……………… 25

21. 好玩的纸杯 ……………… 26
22. 花儿朵朵开 ……………… 28
23. 环保回收站 ……………… 29
24. 九宫格 …………………… 30
25. 可爱的小兔 ……………… 31
26. 快乐拼图 ………………… 32
27. 迷宫滚球 ………………… 33
28. 妙妙屋 …………………… 34
29. 皮筋拉拉乐 ……………… 35
30. 拼图形 …………………… 36
31. 瓶子对对碰 ……………… 37
32. 趣味拼摆 ………………… 38
33. 水果乐 …………………… 39
34. 水果跳跳 ………………… 40
35. 四色游戏 ………………… 41
36. 我来设计滚落 …………… 42
37. 线绳游戏 ………………… 43
38. 消消乐 …………………… 44
39. 小猫钓鱼 ………………… 45
40. 小熊农场 ………………… 46
41. 小熊排排乐 ……………… 47
42. 寻找羊宝宝 ……………… 48
43. 眼疾手快 ………………… 49

44. 叶子翻翻乐 ………… 50
45. 纸卷筒排一排 ………… 51
46. 纸牌"站"起来 ……… 52
47. 种花 ………… 53

科探区
48. 爱爬山的小蜗牛 …… 57
49. 磁力小推车 ………… 58
50. 对对碰 ………… 59
51. 各种各样的蓝色 …… 60
52. 会跑的小球 ………… 61
53. 会跳舞的豆豆 ……… 62
54. 可爱的小兔子 ……… 63
55. 梨花喝水 …………… 64
56. 平衡超人 …………… 65
57. 七彩音阶 …………… 66
58. 桥的秘密 …………… 67
59. 趣味造纸术 ………… 68
60. 认识沉浮 …………… 69
61. 沙漏 ………………… 70
62. 水车转转转 ………… 71
63. 水的流动 …………… 72
64. 我们来种植 ………… 73
65. 小磁石真有趣 ……… 74
66. 小猴荡秋千 ………… 76

67. 小沙瓶 ……………… 77
68. 颜色大碰撞 ………… 78
69. 有趣的滚动 ………… 78
70. 找影子 ……………… 80

美工区
71. 百变彩泥 …………… 83
72. 抱枕俱乐部 ………… 84
73. 彩色画布 …………… 85
74. 彩石乐 ……………… 86
75. 插花 ………………… 87
76. 创意纸盘脸 ………… 88
77. 大树笔记 …………… 89
78. 多彩汽车 …………… 90
79. 多样的小猪 ………… 91
80. 海底世界 …………… 92
81. 好吃的面条 ………… 93
82. 好玩的拓印 ………… 94
83. 花样剪纸 …………… 95
84. 可爱的小绵羊 ……… 96
85. 可爱的小企鹅 ……… 97
86. 可爱的猪宝宝 ……… 98
87. 枯树换新装 ………… 99
88. 快乐敞篷车 ………… 100
89. 老房子新建筑 ……… 101

90. 美丽的小窝 …………… 102	115. 制作玉米 …………… 127
91. 民族服饰 …………… 103	116. 自制图画书 …………… 128
92. 魔法瓶盖 …………… 104	
93. 魔法小人变变变 …… 105	**建构区**
94. 扭扭棒 …………… 106	117. 彩笔搭建 …………… 131
95. 暖暖的绵羊 …………… 107	118. 餐厅 …………… 132
96. 漂亮的手帕 …………… 108	119. 创意车展 …………… 133
97. 奇妙的彩沙 …………… 109	120. 搭高楼 …………… 134
98. 巧手铁艺 …………… 110	121. 搭建飞机场 …………… 135
99. 巧做螃蟹 …………… 111	122. 叠叠乐 …………… 136
100. 青花瓶艺 …………… 112	123. 管子站起来了 …………… 137
101. 沙画 …………… 113	124. 家乡的桥 …………… 138
102. 石头奇遇记 …………… 114	125. 看谁垒得高 …………… 139
103. 蔬菜大变身 …………… 115	126. 快乐滑滑梯 …………… 140
104. 我的小手帕 …………… 116	127. 快乐庄园 …………… 141
105. 我会拼 …………… 117	128. 水上乐园 …………… 142
106. 五彩缤纷的烟花 …… 118	129. 停车场 …………… 143
107. 线描蜘蛛网 …………… 119	130. 娃娃家 …………… 144
108. 香香美食 …………… 120	131. 我的小机器人 …………… 145
109. 小树叶真有趣 …………… 121	132. 我家的房子 …………… 146
110. 有趣的"泥泥狗" …… 122	133. 我们喜欢的动物园 … 147
111. 有趣的编织 …………… 123	134. 小小游乐园 …………… 148
112. 有趣的沙画 …………… 124	135. 阳光城堡 …………… 149
113. 纸筒大变身 …………… 125	135. 长颈鹿脖子长又长 … 150
114. 制作花瓶 …………… 126	137. 帐篷总动员 …………… 151

138. 纸盒城堡 ………… 152
139. 纸牌王国 ………… 153

角色区

140. "筐筐"宝贝秀 …… 157
141. 24小时小医院 …… 158
142. 不怕医院 ………… 159
143. 彩虹美食车 ……… 160
144. 大剧场 …………… 161
145. 开心超市 ………… 162
146. 快乐音乐 ………… 163
147. 老字号包子铺 …… 164
148. 美发厅 …………… 165
149. 皮影小剧场 ……… 166
150. 闪电速递 ………… 167
151. 我是小小主持人 … 168
152. 养生茶社 ………… 169
153. 邮政小银行 ……… 170
154. 中医馆 …………… 171

语言区

155. "会动"的故事 …… 175
156. "偏旁"钓鱼 ……… 176
157. 抱抱阅读吧 ……… 177
158. 创意编辑社 ……… 178
159. 打电话 …………… 179
160. 公鸡头、母鸡头 … 180
161. 故事大咖秀 ……… 181
162. 故事盒子 ………… 182
163. 故事会 …………… 183
164. 快乐演说家 ……… 184
165. 快乐阅读者 ……… 185
166. 奇妙的石头 ……… 186
167. 手指偶表演 ……… 187
168. 我爱阅读 ………… 188
169. 戏说脸谱 ………… 189
170. 小猫爱钓鱼 ……… 190

数学区

171. "数字蛋堡"奇遇记 193
172. 穿项链 …………… 194
173. 电影院 …………… 195
174. 猫鼠大战 ………… 196
175. 毛球找家 ………… 197
176. 脑筋转转转 ……… 198
177. 扑克大玩家 ……… 199
178. 趣味电话亭 ……… 200
179. 填补图形 ………… 201
180. 小手套指环 ……… 202

生活区

1 编辫乐

活动名称： 编辫乐

适宜年龄： ⭐小班 ⭐中班 ⭐大班

活动目的：

1. 学习编辫子。
2. 提高幼儿的精细动手操作能力。

材料准备：

1. 各类布条、毛线等，附于娃娃头像两边。
2. 木梳、发夹等。

游戏玩法：

1. 幼儿可以两两合作，一个幼儿握着头饰，另一个幼儿编辫子，帮助幼儿掌握编辫子的方法。
2. 提供木梳，幼儿给娃娃梳头。
3. 提供发夹，幼儿打扮娃娃等。

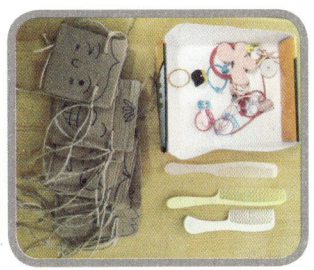

评析

此活动在重点提高幼儿精细动手操作能力的同时，又培养了幼儿的耐心，也提高了幼儿的生活自理能力。而编辫子的长度、方法可以随着幼儿年龄的增加而增长。

江苏省苏州市苏州叶圣陶实验小学幼儿园　王静

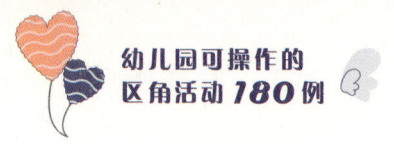

2 编织

活动名称：编织

适宜年龄：⭐大班

活动目的：

1. 能够在示意图的引导下编织出相应的花纹。
2. 乐于参与编织活动，锻炼手部小肌肉。

材料准备：

收集卡纸、鞋带、毛线、塑料筐（圆形、长方形等）、泡沫板、塑料瓶等。

游戏玩法：

第一层：提供各种造型的卡纸，根据图示进行平面编织，初步掌握编织的方法。

第二层：提供各种圆形、长方形的塑料筐，根据图示运用鞋带进行立体编织。

第三层：运用塑料瓶、毛线，根据图示探究进行封闭式编织的方法。

第四层：提供泡沫板、毛线进行编织，根据图示探索编织围巾的方法。

评析

1. 因为幼儿动手能力存在差异，所以教师应提供难度级别不同的编织示意图。
2. 教师应提供各种各样的编织材料，除了海绵纸造型底板、塑料筐，还可以提供筛子、铁丝网等。

浙江省海宁市实验幼儿园教育集团实验幼儿园　郁晓洁

生活区

3 剥剥乐

活动名称： 剥剥乐

适宜年龄： ★中班

活动目的：

1. 尝试剥皮、剥壳，体验成功的快乐。
2. 发展小肌肉动作，提高自我服务的能力。
3. 养成爱清洁、爱劳动的好习惯。

材料准备：

开心果、夏威夷果（带开果工具）、小橘子、熟鹌鹑蛋、餐盘若干。

游戏玩法：

1. 选择自己喜欢的食物，剥皮或剥壳。
2. 将剥下来的皮或壳放入餐盘中。
3. 享用食物，并和同伴交流自己的体会。
4. 整理游戏区域。

评析

在活动中，幼儿自己动手剥一剥、尝一尝，充分体验了自我服务的快乐，提高了双手动作的协调性。同时，幼儿懂得了在游戏结束时要整理游戏时产生的垃圾，养成了爱清洁、爱劳动的好习惯。

江苏省无锡市善德幼儿园　鲍慧敏

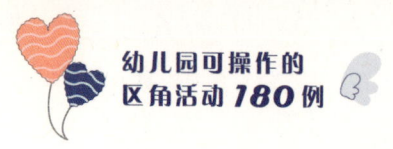

4 飞盘连一连

活动名称：飞盘连一连

适宜年龄：⭐中班 ⭐大班

活动目的：

通过连接飞盘，学习系扣子的方法；尝试合作连接飞盘，体验合作的乐趣。

材料准备：

可以系扣子的软飞盘，每个飞盘上缝有扣子和环套。

游戏玩法：

1. 单个幼儿玩系扣子。
2. 两名以上幼儿合作连接飞盘。

| 评 析 | 在幼儿独个玩飞盘连一连游戏时，没有空间上的变化；当幼儿把自己的作品和其他幼儿的作品连起来后会发现飞盘可以连得很长。让幼儿自己在游戏中去发现远比别人直接说教有意义，只有发现，才能创新、创造，才能培养幼儿的创新性思维。 |

河北省保定市高碑店市第一幼儿园　张贺红

5 分类

活动名称：　分类

适宜年龄：　⭐中班

活动目的：

1. 引导幼儿能根据材料的颜色、形状、大小进行分类，并能将同类材料摆放到一起。
2. 有兴趣参与活动，能根据要求进行操作。

材料准备：

带颜色瓶盖若干，各色桃心贴片若干，大小、颜色不一样的纽扣若干，分类盘、分类盒若干。

游戏玩法：

1. 按桃心贴片颜色分类，或按瓶盖颜色分类。
2. 按纽扣颜色、大小进行分类。

评析

引导幼儿在原有的生活经验上根据物体的形状、大小、颜色进行分类；在游戏中渗透数学概念，提高幼儿的动手、动脑能力，达到"玩中学，玩中教"的教育目的。

宁夏回族自治区银川市第一幼儿园　王芸

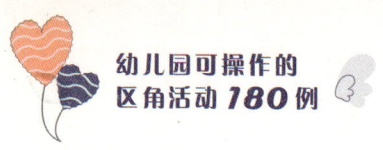

6 给大嘴巴喂饭

活动名称： 给大嘴巴喂饭

适宜年龄： ⭐小班

活动目的：

能正确使用勺子，练习拧的动作，提高手眼协调能力及手部动作的灵活性。

材料准备：

勺子、彩泥球、大嘴动物等。

游戏玩法：

1. 用勺子给大嘴动物喂饭（彩泥球）。

2. 喂完饭，拧开瓶盖取出饭，开始下一个循环。

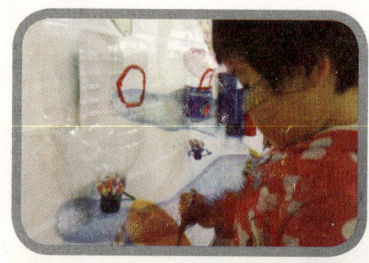 

评析

小班幼儿能使用勺子，但勺子里的小球一不小心就会滚出来，所以需要手臂有一定的控制力才能顺利用勺子将"饭"送到大嘴巴里。通过"给大嘴巴喂饭"游戏，幼儿的手眼协调能力和专注力都得到了锻炼。

河北省保定市高碑店市第一幼儿园　张贺红

7 好玩的木塞

活动名称：好玩的木塞

适宜年龄：⭐小班

活动目的：

锻炼幼儿小手的灵活性。

材料准备：

夹子、橡木塞、鸡蛋托。

游戏玩法：

要求幼儿用夹子把橡木塞一个一个夹进鸡蛋托里，不能用手拿，一个孔里只放一个橡木塞，看看谁放得又快又多。

评析

小班幼儿小手肌肉发育还未完善，使用夹子可较好地锻炼幼儿的手部肌肉。要将橡木塞一个个准确夹进鸡蛋托中不是很容易，但能够锻炼幼儿的耐心。待幼儿熟悉游戏规则后，可让他们进行比赛，看谁放得又快又多，这样能够较好地激发幼儿参与游戏的兴趣，同时也锻炼了幼儿的手眼协调能力。

河南省濮阳市华龙区油田基地第七幼儿园　曹敏

8 太阳花

活动名称：太阳花

适宜年龄：⭐中班

活动目的：

1. 锻炼幼儿扣纽扣的动作技能，提高幼儿的自理能力，发展幼儿手指肌肉的灵活性。

2. 创设编织，锻炼幼儿的手眼协调、手脑并用能力，对手部肌肉发展有益。

3. 练习线的缠绕，培养幼儿的专注力、耐心，促进幼儿秩序感的养成。

材料准备：按扣、纽扣、布条、线或橡皮筋。

游戏玩法：

1. 幼儿用按按扣、扣纽扣的形式，锻炼按、扣动作。

2. 幼儿根据自己的意愿进行不同方向、不同颜色组合的编织活动。

3. 幼儿用线或橡皮筋缠绕纽扣，绕出自己喜欢的图案。

4. 幼儿用不同方式、顺序进行穿线活动。

评析

颜色鲜艳的太阳花形象能够较好地吸引幼儿的注意力。幼儿可以在太阳花旁围成一个圆圈进行活动，活动不仅锻炼了幼儿小肌肉的精细发展，也启发了幼儿的发散性思维。

山东省荣成市虎山镇中心幼儿园　蔡华荣

生活区

9 填补五官

活动名称： 填补五官

适宜年龄： ★中班

活动目的：

发展幼儿的观察、组合能力。

材料准备：

提供脸型卡纸若干，可水洗的炫彩棒、湿巾纸、五官造型等。

游戏玩法：

1. 根据幼儿的能力发展需要，可以选择自己喜欢的五官，创造性地组合出各种造型。

2. 还可以用炫彩棒创作各类造型，需要更换时用湿巾纸擦拭后进行再创作。

评 析
"填补五官"活动不但能够发展幼儿的动手能力，而且能够培养幼儿观察生活的好习惯。活动中材料摆放有序，目的是提高幼儿对排序的敏感度。

江苏省苏州市苏州叶圣陶实验小学幼儿园　王静

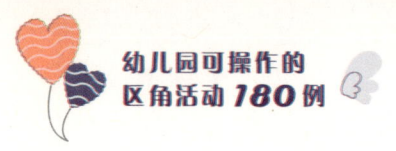

10 袜子商店

活动名称： 袜子商店

适宜年龄： ★小班

活动目的：

1. 通过"洗袜子、晒袜子、折袜子"的游戏情境，锻炼幼儿手部肌肉的发展。
2. 学习生活中的本领和技巧。
3. 体会与同伴一起游戏的快乐。

材料准备：

各式各样的袜子、晾衣架、洗衣机模具。

游戏玩法：

1. 幼儿进入区角，自主分工——洗袜子、晒袜子、折袜子等。
2. 洗袜子的幼儿将袜子先放进盆子里打湿，然后用积木等替代肥皂给袜子打上肥皂，开始搓袜子，最后放进自制的洗衣机里洗一洗。
3. 晒袜子的幼儿将袜子从洗衣机里拿出来，一只一只地挂在晒衣架上。
4. 折袜子的幼儿，将袜子从晒衣架上一只一只地取下来，一一配对后折好放到商店的货架上。

> **评 析**
>
> 小班幼儿喜欢角色游戏，结合材料创设"洗袜子、晒袜子、折袜子"的游戏情境能够激发幼儿参与游戏的热情。游戏中幼儿的角色意识非常强，而且专注度较高。教师可以跟幼儿们商量还可以洗什么，逐步丰富游戏内容，增加游戏难度。

浙江省海宁市实验幼儿园教育集团康桥幼儿园　陆金薇

11 我的牙齿

活动名称： 我的牙齿

适宜年龄： ★中班

活动目的：

1. 帮助幼儿了解牙齿的构造，能说出牙齿的名称，知道乳牙和恒牙的区别。
2. 帮助幼儿学会刷牙的方法和步骤。
3. 帮助幼儿爱护牙齿，喜欢刷牙。

材料准备：

牙膏、牙刷、假牙模型、订正卡。

游戏玩法：

幼儿探索牙模的构造，根据刷牙方法图学会刷牙。

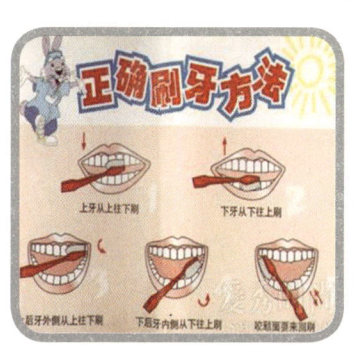

评 析

有些幼儿没有养成早晚刷牙的习惯，很多家长也觉得难以解决这个问题。本次活动通过让幼儿探索牙模的构造，激发幼儿的探究兴趣，知道不刷牙的危害；加上清楚明了的刷牙方法图，可以让幼儿在活动中学会刷牙，进而喜欢上刷牙。

河南省濮阳市实验幼儿园　韩娜

12 洗刷刷

活动名称：　洗刷刷

适宜年龄：　★中班

活动目的：

1. 洗去布料上的浮色，感受染色工艺的神奇。
2. 将洗好的布料晾晒，观察从湿到干颜色的变化。
3. 能耐心完成洗晒任务，游戏结束后有良好的收归习惯。

材料准备：

染好的布、围裙、手套、夹子、清水、水盆、晒场。

游戏玩法：

1. 将染好的布放在清水里浸泡并轻轻揉搓2分钟左右。
2. 绞干水分，轻轻展开布料。
3. 晾晒布料。
4. 收归材料。

评 析

幼儿时期是各种习惯养成的关键期，培养幼儿爱劳动的习惯，对幼儿各方面的发展都有益。著名教育家苏霍姆林斯基说过："儿童的智力在他的手指尖上。"通过"洗刷刷"活动，让幼儿知道力所能及的事情一定要自己做，培养幼儿自我服务的意识和一定的劳动观念。

江苏省无锡市新吴区新安街道新安中心幼儿园　谢晓燕

13 鞋袜配对

活动名称：　鞋袜配对

适宜年龄：　⭐小班

活动目的：

1. 引导幼儿观察各种图案的特征。
2. 帮助幼儿发现对称、感知对称。

材料准备：

各类鞋袜图片或实物，附相应对称图例。

游戏玩法：

1. 让幼儿观察图片，并说说各类鞋袜的特征。
2. 引导幼儿将各类鞋袜配对、整理。

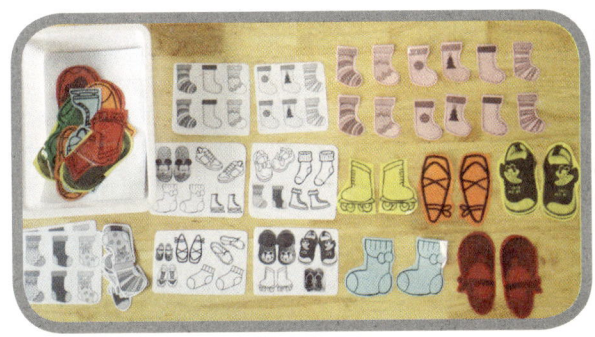

评析

小班幼儿生活自理能力较差，在家大都由家长帮助穿脱鞋袜。本活动可以锻炼幼儿的自理能力，培养幼儿的耐心，提高他们对生活的关注度。后期，教师可附上鞋架、橱柜等图示，方便幼儿进行更精细化的整理。

江苏省苏州市苏州叶圣陶实验小学幼儿园　王静

益智区

14 翻翻乐

活动名称： 翻翻乐

适宜年龄： ⭐大班

活动目的：

1. 通过开展棋类活动，提升幼儿在游戏过程中有意记忆卡片内容、位置的能力。

2. 通过棋类活动培养幼儿有序、文明地进行竞赛。

材料准备：

棋盘一个、棋子若干、铃。

游戏玩法：

1. 幼儿将不同形象的棋子自主摆放于棋格中。

2. 幼儿在一定时间内进行观察和记忆，随后将所有棋子翻过去，根据记忆依次选取两个棋子进行翻面（如若相同，幼儿得到该棋子；如若不同，则放回原处）。

3. 最终获得棋子最多的幼儿获胜。

> **评 析**
>
> "翻翻乐"活动可以帮助幼儿在游戏中安静下来，安静能帮助幼儿很好地集中注意力，更好地回忆棋子摆放的位置，培养幼儿的耐性。

上海市嘉定区爱里舍幼儿园　曹妍

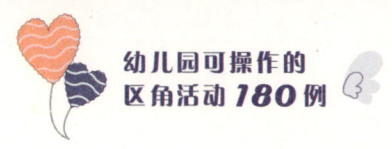

15 各种各样的图形

活动名称： 各种各样的图形

适宜年龄： ★中班

活动目的：

1. 锻炼幼儿对于颜色、形状的认知能力。
2. 发展幼儿的创造力,促使幼儿发挥想象力。
3. 加强幼儿的数字概念和点数的能力。

材料准备：

1. 不同颜色、不同形状的图形。
2. 布做的小鸟、数字。

游戏玩法：

1. 幼儿说一说自己认识的图形、颜色等,为图形宝宝找到相同的好朋友。
2. 幼儿选择自己喜欢的图形组合,创造自己喜欢的造型。
3. 花瓣上贴有数字,幼儿用数量相当的小鸟进行对应操作。

评 析

　　幼儿的想象力丰富,他们能根据不同形状的图形进行创作,为生动的小鸟形象进行对应、点数,让操作材料变得活起来;同时也使幼儿的奇思妙想得到了发挥。

山东省荣成市虎山镇中心幼儿园　蔡华荣

16 滚方块

活动名称: 滚方块

适宜年龄: ★中班

活动目的:

1. 锻炼幼儿思维的灵活性。
2. 提升幼儿的规则意识与竞争意识。

材料准备:

自制方格操作板,正方体、长方体若干。

游戏玩法:

1. 幼儿进入区角,可以是两人游戏、三人游戏或者四人游戏。
2. 幼儿一人一个颜色的小方块,进行剪刀石头布,谁赢了谁向中心点(即星星)靠拢。
3. 通过滚动格子的方式,最先到达中心点的人获胜。

> **评析**
>
> "滚方块"活动能够激发幼儿对益智区的兴趣,促进幼儿数字概念、空间感认知的形成。在游戏中,幼儿的分析、综合、推理、概括能力,以及观察力、注意力、取胜的信念、规则意识及坚强的意志等非智力因素得到了锻炼和进一步发展。

山东省济南市二机床集团有限公司幼儿园　丁莹

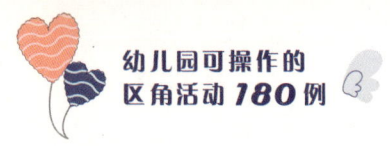

17 海底世界

活动名称：海底世界

适宜年龄：⭐中班

活动目的：

1. 认识常见的海底生物，了解它们的外形特征和生活习性。
2. 能按照数量不受大小、颜色干扰找出相应的生物。
3. 能将海底生物根据鱼类和非鱼类进行简单分类。

材料准备：

海底世界背景图一幅，大小、颜色、品种不同的海底生物照片若干，任务卡、记录卡若干，小篓子两个，记号笔若干。

游戏玩法：

1. 幼儿两两结伴进入区角，选择好材料。

2. 将海底世界背景图平铺在桌面，先仔细观察海底生物照片。

3. 认一认、说一说各种生物。

4. 一个人出示任务卡，另一个人按照任务要求将海底生物放在背景图上。例如，一人说5条热带鱼，另一人立即找出5条热带鱼放在背景图上，操作正确就在记录卡上打上五角星。

5. 一个人自主选择任务卡进行分类，如将鱼类、非鱼类分类放入小篓中，另一个人负责检查和核对，如果对方操作全部正确，就在相应记录卡上打个五角星。

6. 两人轮流游戏，得五角星多者为胜。

评析

幼儿是通过直接接触、动手操作、充分感知、反复体验来进行学习的。在益智区，教师投放一些色彩鲜艳的海底世界背景图和各种海底生物的照片，结合任务卡通过对材料的摆弄，调动幼儿充分观察、比较、感受物体的外形，识别物体的颜色，区分物体的大小、数量、种类，激发幼儿探究的兴趣和求知的欲望。在活动中，幼儿有时互相模仿、互相学习，有时共同商量、合作玩耍，促进了幼儿交往技能的发展。

江苏省淮安市洪泽湖幼儿园　胡文萃

18 好朋友派对

活动名称：好朋友派对

适宜年龄：★大班

活动目的：

1. 根据不同动物爱吃的食物，选择合适的方块首尾相接把一对好朋友连接起来。

2. 体验帮助他人找到朋友的乐趣。

材料准备：

不织布制作的动物和食物玩偶、不织布剪成的方块（背面缝制刺毛贴）、不织布背景墙。

游戏玩法：

1. 幼儿选择动物和对应的食物玩偶贴在背景墙上，设计好布局。

2. 幼儿尝试用方块将一对好朋友（动物和它所对应的食物）连接起来。

3. 幼儿可与同伴合作完成所有的好朋

友配对。

4. 幼儿可以结伴比赛，比一比谁完成得快、完成得多。

> **评析**
>
> 大班幼儿正处于对身边事物散发浓厚兴趣的阶段，而小动物又是幼儿特别感兴趣的题材，这个游戏以小动物和它爱吃的食物为线索，促使幼儿积极动脑思考，尝试摆弄灵活的方块，在小动物和它爱吃的食物之间架起一座桥梁。亦合作，亦竞赛的游戏，既锻炼了幼儿的动手操作能力和交往合作能力，又培养了幼儿的竞争意识。

江苏省无锡市杨市中心幼儿园　章琳燕

19 好玩的糖果

活动名称： 好玩的糖果

适宜年龄： ★中班

活动目的：

1. 培养幼儿对颜色的分辨能力。
2. 培养幼儿的数字组合能力。
3. 培养幼儿的合作能力。

材料准备：

1. 纸黏土做的红色、黄色、绿色、蓝色糖果若干。
2. 底色为红、黄、绿、蓝的盘子4个。
3. 数字4的卡片，标有1、2、3数字的大塞子一个，两个透明小碗。

游戏玩法：

1. 两名幼儿布置好游戏场地后，先通过"石头剪刀布"的游戏决定谁先掷塞子。

2. 胜出的一方开始掷塞子，如果是2，那么从糖果盒子里任意取出2块糖果放在相对应颜色的盒子里。

3. 接着另一名幼儿开始掷塞子，如果也是2，也从糖果盒里取出和前面幼儿一种颜色的糖果放到前面对应的盒子里组成4颗一样颜色的糖果。那么这名幼儿就先赢得这4颗糖果，并可以将它们拿到自己的小碗里。

评析

颜色鲜艳的糖果能引发幼儿的游戏兴趣，而且这个游戏是由两人以上合作完成的，幼儿非常喜欢。在游戏中，幼儿对掷塞子这个环节非常期待，在组合成4颗糖果的过程中，不仅培养了幼儿对颜色的辨别能力，而且也很好地发展了幼儿对数的组合能力，培养了幼儿的灵活性和合作能力。

山东省莱阳市实验幼儿园　刘春华

20 好玩的图形

活动名称： 好玩的图形

适宜年龄： ★小班 ★中班

活动目的：

1. 知道生活中的很多实物是由不同的形状组合而成的。

2. 尝试选择材料，把不同的形状组合成不同的物品。

3. 加深对图形的认识，激发对图形的探索兴趣。

材料准备：

磁力片、卡纸做成的不同形状。

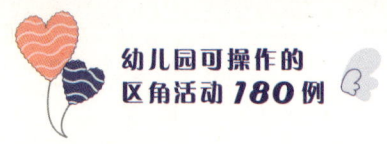

游戏玩法：

1. 认识并熟悉操作材料，知道不同的形状可以组合在一起。

2. 选择操作材料，尝试用磁力片或者卡纸做的不同形状组合拼搭出新的造型。

3. 能向同伴介绍自己的作品，体验成功的喜悦，对图形产生更加浓厚的探索兴趣。

评　析

幼儿的经验来源于生活。具有磁力的磁力片吸引着幼儿去探究如何创造出各种立体事物；大小不同的卡纸图形给了幼儿更大的想象空间，他们为自己创造出的小鸟、毛毛虫等可爱的小动物欢呼雀跃。

江苏省淮安市合肥路幼儿园　陈洁

21 好玩的纸杯

活动名称： 好玩的纸杯

适宜年龄： ★小班 ★中班 ★大班

活动目的：

1. 培养幼儿认识、分辨三原色的能力，并能够进行分类。

2. 培养幼儿理解序列及相邻数字的能力。

3. 培养幼儿的快速反应能力及合作意识。

4. 为培养幼儿探索数学领域的能力奠定良好的基础。

材料准备：

1. 红、黄、蓝、绿四色纸杯各25个。

2. 汽车站牌1个。

3. 五子棋盘4个,围棋棋盘1个及相邻数棋盘2个。

游戏玩法:

1. 小班幼儿从100个四色纸杯中按红、黄、蓝、绿的顺序进行分类。

2. 中班幼儿通过排序、点数和找相邻数,认识10以内的数字。

3. 大班幼儿巩固10以内的运算,并能迅速比较两个数字的大小,培养幼儿的反应能力及合作意识。

评析

　　五颜六色的纸杯小而精致,吸引了幼儿的游戏兴趣。幼儿通过反反复复的操作将科学知识游戏化、生活化,在玩中学、在做中求发展,将科学领域的知识有机地结合在一起,用平常的东西引导幼儿获得不平凡的发现,激发幼儿对科学领域的好奇心,为以后幼儿数学方面的学习奠定了良好的基础。

山东省莱阳市实验幼儿园　曲咏娟

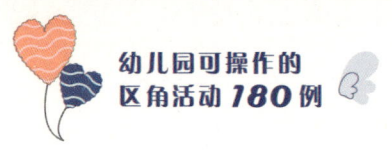

22 花儿朵朵开

活动名称： 花儿朵朵开

适宜年龄： ⭐中班

活动目的：

1. 尝试用不同形状、不同长短的小棒表现出自己喜欢的花。
2. 体验与同伴合作拼摆的乐趣。

材料准备：

各种几何图形材料。

游戏玩法：

1. 幼儿拼摆前先设计好自己要拼摆的花朵造型。
2. 幼儿自主尝试拼摆喜欢的花。
3. 幼儿作品分享交流。

评析

幼儿对花很熟悉，拼摆出的作品各不相同：有的幼儿拼出了圆形的花瓣，有的幼儿拼出了方形的花瓣，还有的幼儿拼出了菱形的花瓣。在游戏中，幼儿自然而然地加深了对几何图形的认知。

山东省聊城市莘县实验幼儿园　梁俊霞

23 环保回收站

活动名称： 环保回收站

适宜年龄： ★中班 ★大班

活动目的：

1. 了解生活中的垃圾分类。
2. 提升幼儿对各种材料的认识和环保意识。

材料准备：

环保回收机、环保分类自制书、各种材料实物和图片若干（纸类、塑料、玻璃、金属、有毒有害、其他）。

游戏玩法：

1. 幼儿看看、说说混杂在一起的各种不同的材料，分辨这些物品不同的用处。
2. 把提供的各种实物和图片进行分类，在分类的过程中有不清楚的，可以翻阅教师提供的自制书进行了解。
3. 幼儿可以看看、说说教师提供的自制分类书中的内容，了解日常生活中环保回收的类别。

评析

日常生活中的垃圾随处可见，教师提供的混杂在一起的材料都是幼儿日常生活中常见的物品。幼儿通过看看、说说进行整理分类，了解、认识各种材料，发现有些物品给我们生活带来方便的同时，如果处理不当也会给我们带来危害。"环保回收站"游戏培养了幼儿的求知意识。

上海市杨浦区新跃双语幼稚园　邓嵩峰

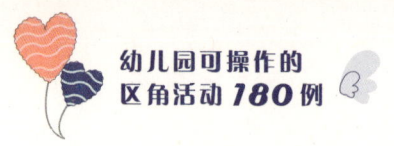

24 九宫格

活动名称： 九宫格

适宜年龄： ★中班 ★大班

活动目的：

1. 根据线索提示板，把9块不同颜色、不同形状的棋子放在棋盘正确的位置上，提升幼儿的空间思维能力。
2. 游戏中的推理环节提高了幼儿在游戏过程中的专注度。

材料准备：

线索提示板，棋盘和9块不同颜色、形状的棋子各两份及计分牌。

游戏玩法：

层次一：单独游戏，根据线索提示板，把9块不同颜色、不同形状的棋子放在棋盘正确的位置上。

层次二：对抗游戏，在层次一的基础上，两名幼儿根据同一线索提示板进行比赛，先完成且全部正确者获胜，积1分。

评析

"九宫格"游戏需要幼儿通过观察分析、收集信息、归纳总结、排除推理才能完成。在游戏关卡设计上，从易到难，循序渐进，逐渐提升幼儿的空间思维和逻辑思维能力。

浙江省海宁市实验幼儿园教育集团实验幼儿园　李燕琪

25 可爱的小兔

活动名称：可爱的小兔

适宜年龄：⭐小班

活动目的：

1. 培养幼儿从高到矮或从矮到高的排序能力。
2. 发展幼儿数物对应的能力。

材料准备：

1. 若干桃核。
2. 已经制作好的一套小兔玩具。

游戏玩法：

1. 引导幼儿按小兔从高到矮或从矮到高的顺序进行排序。
2. 引导幼儿按小兔身上的数字往里放相应的物体，例如，可以用筷子夹桃核，也可以种萝卜或插小棒子，等等。

评析

这套幼儿非常喜欢的小兔形象教具是用废旧的洗洁精瓶制作的，通过反复操作，幼儿的排序能力和数物对应能力有所提高，激发了幼儿学习数学的兴趣。

山东省莱阳市实验幼儿园　刘春华

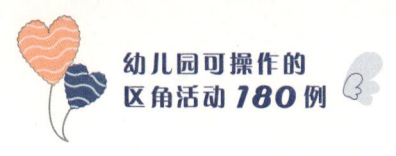

26 快乐拼图

活动名称： 快乐拼图

适宜年龄： ★中班

活动目的：

1. 锻炼幼儿的动手动脑能力。

2. 促进幼儿思维能力的发展。

3. 加强幼儿对颜色、形状、大小的认知能力。

材料准备：

区角卡、七巧板、拼图、动物卡等。

游戏玩法：

1. 幼儿根据区角规则牌进去活动，选择自己喜欢的一个模板，如形状拼图。

2. 由一名幼儿把模板图形抠出来，然后进行比赛，最先把图形放回原处者为胜。

3. 经过初步的锻炼后，幼儿到桌面上进行七巧板拼插比赛，获胜的幼儿可以获得自己喜欢的小动物。

4. 在一系列区角活动完成后，幼儿要将物品摆放整齐。

在日常生活中，要根据幼儿的不同认知水平设置不同的游戏玩法，使每个幼儿都得到全面的发展。但教师需要注意游戏的难易程度，不能挫伤幼儿的自信心。

山东省东营市河口区义和镇中心幼儿园　李月梅

27 迷宫滚球

活动名称： 迷宫滚球

适宜年龄： ★中班 ★大班

活动目的：

1. 掌握好盒子平衡和铃铛前进的速度，不让铃铛掉入洞中。
2. 手、眼、身体协调配合，将铃铛顺利滚到终点。

材料准备：

用盒子制作的凹形迷宫或平面迷宫和铃铛1个。

游戏玩法：

1. 凹形迷宫玩法：把铃铛放在起点处，幼儿用手端着凹形迷宫，不断倾斜盒子让铃铛滚动起来，倾斜盒子的力度和方向一定要把握好，一旦铃铛掉进洞内，就算输了。

2. 平面迷宫玩法：4名幼儿拉动串在铃铛上的绳子，要掌握好力度，并与同伴配合好，将铃铛从起点拉至终点，铃铛不掉入洞中为胜。

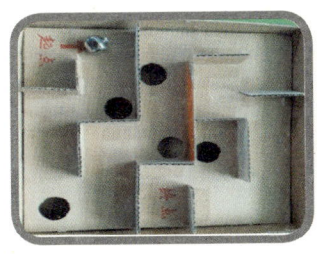  

评析

幼儿掌控铃铛从起点到终点的滚动过程，只有手、眼、身体协调配合才能顺利完成游戏。幼儿的协调能力和灵活性能够在游戏中得到很好的锻炼。

湖北省宜昌市兴山县教育培训研究中心　杨菊孝

28 妙妙屋

活动名称： 妙妙屋

适宜年龄： ★大班

活动目的：

1. 帮助幼儿熟悉规则，能按规则进行游戏。
2. 培养幼儿的观察力，提高其思维的灵活性和敏捷性。

材料准备：

棋盘1个、棋子若干、铃、塑封纸、即时贴。

游戏玩法：

第一层次：

1. 幼儿将贴有不同头像的棋子随意进行摆放。
2. 教师提供各种透明的不规则图形纸，将图形纸随意盖在棋格上。
3. 幼儿点数该区域内各个卡通人物的数量，完成后按铃，速度最快、准确率最高的幼儿获胜。

第二层次：

1. 教师向幼儿提供面积相同的透明不规则图形纸。

2. 幼儿人手一份图形纸，根据教师提出的要求，寻找某一区域中某一卡通人物最多的区域，将图形纸盖上。
3. 两边幼儿的区域内该卡通人物数量最多的一方获胜。

评析

点数是幼儿比较熟悉的一种数数的方法，通过加入封闭图形来提高活动难度，可激发幼儿挑战的兴趣；通过数量、颜色、图案等多维度变化可有效促进幼儿思维能力的提升。

上海市嘉定区爱里舍幼儿园　曹妍

益智区

29 皮筋拉拉乐

活动名称： 皮筋拉拉乐

适宜年龄： ★中班

活动目的：

1. 通过动手操作，发现事物之间的关系。

2. 通过游戏获得感官上的满足，促进手眼协调。

3. 结合已有的经验，通过自由操作、摆弄、摸索、尝试，发展创造能力。

材料准备：

皮筋、板子、任务卡、贴花、鼓励牌。

游戏玩法：

1. 幼儿进入区角，自由选择材料，准备游戏。

2. 选择皮筋拉拉乐的任务卡进行观察、分析，完成操作。

3. 根据幼儿年龄特点和发展状况，逐步取消任务卡，改为创设游戏情境，通过自由操作、摆弄、摸索、尝试，自主创造各种造型。

4. 完成任务，请同伴检查并进行登记，在鼓励牌上贴上贴花以示奖励。

评 析

构图造型游戏"皮筋拉拉乐"目的在于发展幼儿的想象力和创造力，幼儿通过对任务卡的观察、分析进行对应操作。等到幼儿能够熟练进行游戏后，老师可以放弃任务卡，创设游戏情境让幼儿自由创造和想象。整个游戏活动教师不要过多地进行指导，更多的是扮演观察者的角色，视幼儿活动情形采用能激发幼儿探究愿望的语句和富有启发性的问题引导幼儿进行思考和探索。

江苏省淮安市洪泽湖幼儿园　胡文萃

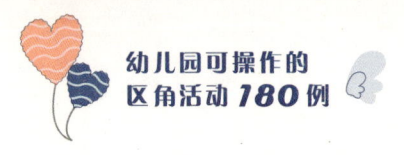

30 拼图形

活动名称： 拼图形

适宜年龄： ★小班 ★中班

活动目的：

1. 培养幼儿认识三角形的名称及特征。
2. 培养幼儿用三角形组合正方形的逻辑思维能力。
3. 为幼儿以后进行空间方位学习奠定良好的基础。

材料准备：

1. 小的方形板及各种颜色的三角形图形。
2. 地面上大块的框架结构图形。

游戏玩法：

1. 通过正方形的拼摆，让幼儿初步感知三角形的特点。
2. 从拼摆桌面游戏，逐渐过渡到在地面上进行两种颜色的三角形拼摆；感知、探索空间方位中的对称图形。

评析

图形是幼儿认识事物、认识世界的基础，让幼儿在自然的状态下通过图形来认知事物。将思维学习方法融入生活中，能够使幼儿清楚地了解各种图形的组合，也为幼儿以后的美学学习奠定了良好的基础。

山东省莱阳市实验幼儿园　曲咏娟

31 瓶子对对碰

活动名称： 瓶子对对碰

适宜年龄： ★小班 ★中班

活动目的：

1. 在游戏活动中能按实物与图片进行配对。
2. 初步培养幼儿的观察力和动手能力。
3. 愿意与同伴一起游戏，体验游戏的快乐。

材料准备：

瓶子若干、相对应的瓶子图片若干。

游戏玩法：

从盆子里找出相对应的瓶子，放在图片上。

评析

这个活动能从生活实际出发，让幼儿收集生活中的废旧瓶子，既环保又丰富了游戏材料。在"玩中学、玩中教、玩中求进步"，是使幼儿能够愉快地进行学习的方式。游戏中，幼儿能从盆子里正确找出相对应的瓶子，既锻炼了幼儿的观察能力又锻炼了幼儿的动手能力。

江苏省无锡市新安中心幼儿园善德分园　朱莉

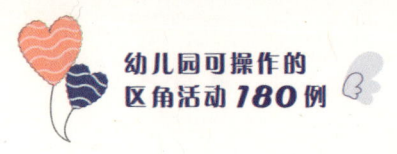

32 趣味拼摆

活动名称： 趣味拼摆

适宜年龄： ★小班 ★中班

活动目的：

1. 引导幼儿学习运用图案分割的特点；在进行组合拼摆的过程中提高幼儿的观察能力、动手操作能力。

2. 发展幼儿的思维能力、想象力，培养合作能力；使幼儿体验到拼摆的乐趣。

材料准备：

1. 宽阔的场地。

2. 由易到难的拼图若干。

游戏玩法：

1. 由易到难，从2块拼摆到6块拼摆。

2. 幼儿独自拼摆到几人合作拼摆。

3. 从平面拼摆到立体拼摆。

4. 幼儿合作拼摆好后进行创意拼摆。

评析

幼儿非常喜欢这套安全卫生、废旧利用、图案形象生动、具有情节的拼摆玩具，这套拼摆玩具非常适合小班和中班幼儿的游戏水平。幼儿在拼摆的过程中，发展了自身的想象力、思维能力，更提高了合作能力，同时也体验到了拼摆的乐趣。

山东省莱阳市实验幼儿园　刘春华

33 水果乐

活动名称： 水果乐

适宜年龄： ⭐小班 ⭐中班

活动目的：

1. 认识水果的名称及颜色，并能够进行分辨。
2. 锻炼幼儿小肌肉精细动作的发展。
3. 激发幼儿与同伴合作游戏的兴趣，培养合作意识。

材料准备：

1. 翻翻乐的棋盘1个。
2. 3种水果（草莓、香蕉、西瓜），每种水果上都有对应的母子扣。

游戏玩法：

1. 幼儿根据自己的能力，将水果一一对应摆在棋盘里。
2. 用"石头剪刀布"的方式决定由谁翻起隐藏在棋盘里的水果，最后进行点数，看一看谁盘子里的水果多或少。

评析

幼儿喜欢吃水果，通过幼儿喜欢的水果来促进他们小肌肉的发育，以便做出的动作更加协调，这种寓教于乐的方式，使幼儿轻松掌握了对各种水果的认识，也为他们以后的语言学习打下了良好的基础。

山东省莱阳市实验幼儿园　曲咏娟

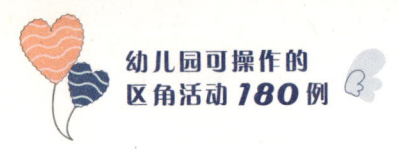

34 水果跳跳

活动名称：　水果跳跳

适宜年龄：　⭐大班

活动目的：

1. 学会用记录表统计实物的数量；初步感知10以内的加法运算。
2. 大胆合作交流，体验多人游戏的快乐。

材料准备：

经验准备：会玩色子并能简单记录色子的点数。

物质准备：筷子、纸箱、卡纸、水果图片（石榴、苹果、梨、柿子、葡萄、橘子）、记录表、数字卡片1~10。

游戏玩法：

1. 选好水果后，通过"石头剪刀布"决定胜负，赢者先扔色子，色子停下后，根据色子的点数决定水果跳几下。
2. 跳完后第一次做记录：取实物圆点和数字，依次往后排，每人两次机会。两次完成后，把第一次的数量和第二次的数量加起来，数量多者为胜。

评析

活动以幼儿熟悉的水果为出发点，让幼儿学会分配角色。在比赛中让幼儿领悟到与同伴合作探究、分享交流是一件很快乐的事情，同时也能激发幼儿对学习数学知识的兴趣。

山东省聊城市莘县实验幼儿园　岳华

35 四色游戏

活动名称： 四色游戏

适宜年龄： ⭐中班

活动目的：

1. 让幼儿认识并能区分红、黄、蓝、绿四种颜色，能根据颜色的排列规律进行排序。
2. 培养幼儿的观察能力与比较能力，提高幼儿的判断推理能力。

材料准备：

四色拨珠一套。

游戏玩法：

幼儿自己观察提示卡上的颜色顺序，按照提示卡进行拼摆。

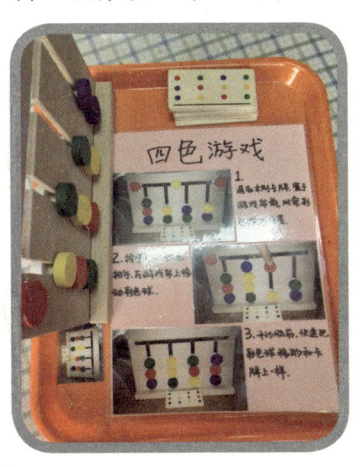

评 析

通过让幼儿自己观察去发现提示卡上的颜色顺序，对幼儿进行初步判断推理能力的训练。然后让幼儿按照提示卡拼摆，培养幼儿的逻辑思维能力和专注力。

河南省濮阳市实验幼儿园　韩娜

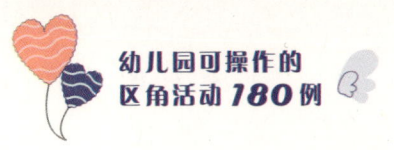

36 我来设计滚落

活动名称：我来设计滚落

适宜年龄：★中班 ★大班

活动目的：

1. 能利用玩具材料来感知、探索，形成物体滚落的相关知识，发展思维和智力。

2. 幼儿会动手设计多样化的小球滚落轨道。

材料准备：

小球、纸折叠的轨道、杯子等。

游戏玩法：

1. 幼儿先体验小球如何按照既定的"管道"轨道快速滚落到下面的杯子里。

2. 尝试用新材料设计小球滚落轨道，体验小球沿新轨道能否顺利滚落到地上的杯子里。

3. 进一步探索设计出多样化的小球滚落轨道。

评析

幼儿天生对一切都充满好奇，体验小球在"杯子"轨道里滚落的过程激发了他们探究的欲望。幼儿通过观察、比较、操作等一系列尝试，设计出各种各样的小球滚落轨道。整个过程是幼儿通过直接感知、亲身体验和实际操作获得知识的学习过程，促进了其智力和动手操作能力的发展，激发了幼儿的探索精神，让他们收获了成功的喜悦。

山西省临汾市山西师范大学幼儿园　张岩宇

37 线绳游戏

活动名称： 线绳游戏

适宜年龄： ★中班

活动目的：

1. 观察线绳的提示图，学会拉、勾、穿、插、撑、挑的图示方法。
2. 会用拉、勾、穿、插、撑、挑等方法玩线绳游戏。
3. 在游戏中感受与同伴交往的快乐。

材料准备：

1. 将线绳结成线圈，大小不一的线圈若干。
2. 线绳游戏提示图。

游戏玩法：

幼儿应用拉、勾、穿、插、撑、挑等方法与同伴共同玩线绳游戏，保证线绳在手中不脱落。

评析

此游戏的材料简便易得、经济廉价，游戏可一人玩，可两人玩，也可以多人玩，形式多样，能促进幼儿与同伴的愉快交往。游戏中，幼儿需要通过观察提示图来完成手中的操作，其观察力与动手能力都得到了良好的锻炼。

湖北省宜昌市兴山县教育培训研究中心　杨菊孝

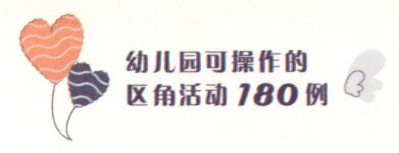

38 消消乐

活动名称： 消消乐

适宜年龄： ★中班

活动目的：

1. 通过活动巩固幼儿的分类概念。
2. 在活动中，幼儿能把颜色、图案相同的杯子归在一类。
3. 锻炼幼儿手眼协调能力，增强幼儿的竞争力和合作能力。

材料准备：

装饰好的纸杯若干，杯底有不同图形或数字。

游戏玩法：

1. 幼儿分组进入游戏，两人一组。
2. 熟悉游戏规则：听到游戏口令，两人同时拿起一个纸杯，看好图案后去找相对应图案的杯子并扣在一起。游戏时间结束，看谁区域内的杯子最先扣完。
3. 掌握玩法后，可让幼儿参与设计杯底图案，自主商讨游戏规则。

评析

幼儿在游戏中巩固了对图形的认识，在操作中强化了分类概念。教师设计游戏时，要结合幼儿的游戏水平，做到循序渐进，与兴趣相融，只有这样，才能让幼儿在游戏中始终保持较高的积极性。

河北省保定市高碑店第二幼儿园　赵素杰

益智区

39 小猫钓鱼

活动名称： 小猫钓鱼

适宜年龄： ★小班 ★中班

活动目的：

1. 能够在有限的空间里用钩子把小鱼钓上岸。
2. 观察小鱼身上的颜色并进行分类。
3. 引导幼儿学习不同鱼儿的名称。

材料准备：

1. 深海鱼的场景布置。
2. 分好类的透明贴袋。
3. 线钩。

游戏玩法：

1. 在蓝色纱幔（海水）里找到一条喜欢的鱼，拿上小猫的钩子对准鱼儿的嘴孔，把鱼钓上来。
2. 仔细观察鱼儿身体的颜色，将钓上来的鱼儿送到同样颜色的贴袋里。
3. 分好类后在贴袋里可以翻看有关鱼儿的介绍。

> **评 析**
>
> 利用"小猫钓鱼"的故事布置场景，能够激发幼儿的动手动脑积极性。钓鱼时，幼儿需要在有限的空间里将钩子对准鱼儿的嘴孔才能把鱼钓上来，幼儿的手眼协调能力在这个过程中得到了发展。在促进幼儿手部精细动作发展的同时，给鱼儿进行分类又可以使他们的观察力、注意力得到锻炼。

山东省威海市环翠区孙家疃第一幼儿园　张霞

40 小熊农场

活动名称：小熊农场

适宜年龄：⭐中班

活动目的：

1. 培养幼儿观察和手眼协调的能力。
2. 培养幼儿学会按一定的规律排序。

材料准备：

各种蔬菜卡片、自制操作板等。

游戏玩法：

幼儿自主选择小熊的农场，按农场上面的规则要求进行排序。排完后，幼儿再选择空白的农场自己设计如何有规律地种植蔬菜。

评析

在和小伙伴一起探究、实验的过程中，幼儿的好奇心再度被激发；在观察结果的过程中，幼儿的专注力得到了提升。

山东省邹平市青阳镇中心幼儿园　董婷

41 小熊排排乐

活动名称：小熊排排乐

适宜年龄：⭐小班 ⭐中班

活动目的：

1. 根据图卡的大小、颜色进行配对，发展幼儿的判断力和观察能力。
2. 按顺序排列图卡，培养幼儿的注意力和感受能力。
3. 幼儿自由选择图卡，按照大小、颜色等进行有规律排列，感受排列的乐趣。

材料准备：

大小、颜色不一的小熊玩具，配色卡，排列卡。

游戏玩法：

1. 幼儿用短配色卡，按照一一对应的方式进行配色。
2. 用长排列卡按照排列顺序进行排列。
3. 自己制作排列卡，按照自己的想法有规律地排列。

 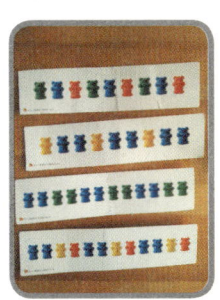 

评析

幼儿在进行大小、颜色配比的过程中，提高了对颜色的感受敏感度以及对物体大小的目测能力，培养了自身的注意力和动手操作能力。幼儿的思维能力在按规律自由排列的过程中得到了锻炼，他们能够利用颜色和大小创造出新的排列规律，并在此过程中体验到了排列的趣味性。

河北省保定市清苑区第二幼儿园　刘丽红

42 寻找羊宝宝

活动名称： 寻找羊宝宝

适宜年龄： ★大班

活动目的：

1. 通过开展棋类活动，激发幼儿下棋的兴趣。
2. 学习、掌握棋类游戏的规则、玩法，勇于和同伴对弈，培养幼儿的独立思考能力、分析判断能力、抗挫败能力和自制力。

材料准备：

棋盘1个、棋子若干、铃。

游戏玩法：

1. 幼儿将代表羊宝宝和障碍物的棋子自主摆放于棋格中。
2. 两名幼儿从对角开始，依次前进一格，并且只能直线前进，不可斜线前进。
3. 将棋格中所有的羊宝宝找到，找到羊宝宝数量最多的幼儿获胜。

评析

下棋是大班幼儿非常感兴趣的一种游戏形式，是培养幼儿规则意识的好方法。通过创设"寻找羊宝宝"的情境来激发幼儿参与游戏的兴趣，通过思考用最短的距离找到"羊宝宝"，可使幼儿的动手动脑能力得到充分的锻炼。

上海市嘉定区爱里舍幼儿园　曹妍

43 眼疾手快

活动名称：眼疾手快

适宜年龄：★中班 ★大班

活动目的：

1. 能综合运用分类、推理、对应等能力。
2. 锻炼幼儿的快速反应能力，通过活动使幼儿懂得对材料的保护。
3. 体验游戏竞争过程中的快乐。

材料准备：

1. 红队、蓝队标志的扣杯，计分球。
2. 不同内容的场景及相对应的色子。

游戏玩法：

1. 两名幼儿分为红、蓝两队，一名幼儿掷色子，根据色子投掷出的内容，两人快速反应用扣杯扣住相应的内容。

2. 最先扣住相应内容的幼儿得1分，以此累计，胜利次数多者获胜。

评析

本活动除了锻炼幼儿的反应能力，还可以渗透数学、美术、社会等一系列的内容，而同伴间的竞争、合作可以更好地激发幼儿对游戏的兴趣，体验到在玩儿中学的乐趣。

山东省烟台市莱州市金城镇公办中心幼儿园　赵晓

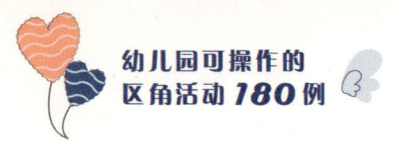

44 叶子翻翻乐

活动名称： 叶子翻翻乐

适宜年龄： ★中班

活动目的：

1. 在翻叶子的游戏中通过图形配比，了解各种叶子的形状。
2. 在翻叶子的游戏中锻炼幼儿的记忆能力和观察能力。
3. 以翻叶子游戏为基础创编新的玩法，培养幼儿的创新能力。

材料准备：

叶子形状翻翻棋、答案卡、收纳盒。

游戏玩法：

1. 幼儿用棋卡和答案卡独立玩游戏，通过翻叶子图，找到与叶子形状相似的棋卡。
2. 两人竞技游戏，每人一盘叶子棋，比一比，看谁最先翻到与答案卡一样的棋子。
3. 创新玩法：一名幼儿翻棋子，对方需要翻到与叶子一样的棋，或者翻到与对方形状相似的图形棋。

评析

在翻叶子游戏中幼儿认真观察叶的形状，能够找到与叶子相似的图形，在竞技过程中，通过比一比看谁翻得快，可以锻炼幼儿的记忆力和观察力，并加深幼儿对叶子形状的认识，提高他们对科学探索的兴趣。幼儿也可以利用各种形状的叶子棋创编新的玩法，这有助于培养幼儿的创新能力。

河北省保定市清苑区第二幼儿园　刘丽红

45 纸卷筒排一排

活动名称：纸卷筒排一排

适宜年龄：⭐小班 ⭐中班

活动目的：

探索按规律排序。

材料准备：

纸卷筒若干。

游戏玩法：

1. 幼儿自由玩纸卷筒。

2. 幼儿探索按规律排序，如按粗细排序。粗细排序还可以有其他的排列形式，如竖着排、斜着排，排成弧形、圆形等。教师通过提问、启发、引导幼儿探索、尝试、感知新的按规律排序方式。

评析

区角活动中，有时幼儿的操作只是初步的、浅显的，这就需要教师细心观察，适时介入，利用适当的方法，引导幼儿继续深入操作，从中获得更丰富的经验，最大限度地发挥材料的可利用价值。

山东省滨州市滨城区教育实验幼儿园　张平叶

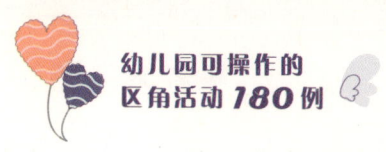

46 纸牌"站"起来

活动名称： 纸牌"站"起来

适宜年龄： ★大班

活动目的：

1. 大胆探索使纸牌"站"起来的方法，用绘画的方式将自己使用的方法及结果记录下来。

2. 能用简单的语言向大家介绍自己的好办法，并乐于与他人分享自己的经验。

材料准备：

纸牌、记录纸、各种辅助物等。

游戏玩法：

1. 幼儿自由在纸牌材料架上选择自己需要的纸牌。

2. 幼儿自由发挥想象，利用各种办法让纸牌"站"起来。一起合作的幼儿可以共同探讨、想办法，成功后及时在记录纸上用画画的形式进行记录。

3. 分享经验，通过不断尝试寻找最好的办法，在此基础上挑战更高难度。

评析

纸牌是幼儿生活中常见的物品，也是幼儿熟悉的物品，但幼儿对纸牌的认识仅仅是一些感性经验，对纸牌的变法、玩法了解得还不是很深入。教师可以在游戏前组织幼儿围绕"纸牌如何能够'站'立起来"进行一次讨论，让幼儿各抒己见，在集体面前大胆说出自己的想法，以此激发幼儿探索纸牌的兴趣，让幼儿能够从中体会到创造和合作的快乐！

江苏省无锡市杨市中心幼儿园　杨荷芳

47 种花

活动名称： 种花

适宜年龄： ★中班

活动目的：

1. 让幼儿练习6以内的点数。
2. 培养幼儿的合作意识。

材料准备：

色子、自制方格板、两种颜色的花。

游戏玩法：

幼儿选择种花教具，将花放在中间，通过"石头剪刀布"决定谁先玩，然后掷色子，掷到几就种几朵花，谁先种完谁就胜利。

评析

益智区是需要安静的区域，教师尽量不要介入，让幼儿自由活动。幼儿需要注意力高度集中才能根据示意图正确操作益智区的活动材料，这能够使幼儿的意志力得到很好的锻炼。

山东省邹平市青阳镇中心幼儿园　董婷

科探区

科探区

48 爱爬山的小蜗牛

活动名称：爱爬山的小蜗牛

适宜年龄：★小班 ★中班

活动目的：

1. 知道往两边拉蜗牛会上山，向中间收拢蜗牛就下山。
2. 感知拉伸的乐趣。

材料准备：

小蜗牛、毛线等材料若干。

游戏玩法：

1. 幼儿两两合作进行游戏。
2. 一名幼儿拉着线做山顶，另一名幼儿做往两边收、拉等动作。

评析

教师可以做好山顶背景，将线挂在山顶上，这样幼儿就可以独立玩这个游戏，从而培养幼儿独立探索的精神。

江苏省苏州市苏州叶圣陶实验小学幼儿园　王静

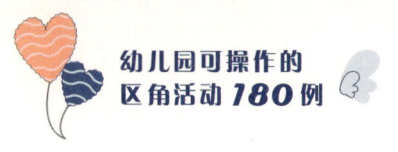

49 磁力小推车

活动名称： 磁力小推车

适宜年龄： ⭐大班

活动目的：

1. 体验磁力小车的神奇和有趣，激发幼儿大胆探索的欲望。
2. 探索磁力小车移动的原因，初步了解磁铁的特性。
3. 大胆观察和发现实验现象，积极动手动脑实验、操作，学习做实验记录。

材料准备：

任务单、自制马路、带有磁铁的小推车、带有磁铁的雪糕片、磁铁、长条形纸板、实验记录本。

游戏玩法：

实验操作一：幼儿两两合作尝试用雪糕片推动小推车在马路上行进，幼儿自主探索怎样能够让小推车行进、怎样小推车不能行进，并进行记录。

实验操作二：幼儿两两合作将小推车放在纸板上方，纸板下方用磁铁吸住，将磁铁往前移动，观察小推车是否能随磁铁进行移动，并做好记录。

根据记录与同伴讨论小推车移动的原因；教师引导幼儿了解磁铁同极相斥、异极相吸的特性。幼儿再次体验磁铁的特性，玩磁力小推车游戏，与同伴比比谁的小推车移动得快。

评析

科学具有神秘性，能够引发幼儿的好奇心，并激发幼儿勇于探索发现的精神。在游戏后，科学区可以投放关于磁铁的游戏材料，供幼儿尝试和体验磁铁的特性，如钓鱼比赛、比比谁接得长等。

重庆市新桥医院幼儿园　胡春艳

50 对对碰

活动名称： 对对碰

适宜年龄： ★小班 ★中班

活动目的：

1. 锻炼幼儿的手眼协调能力。
2. 培养幼儿的逻辑思维能力。
3. 开发幼儿智力。

材料准备：

自制格子底、卡通图形、一次性纸杯底。

游戏玩法：

让幼儿通过上、下、左、右推棋，找到相同的图案，最后找到没有成对的那一个动物棋子。

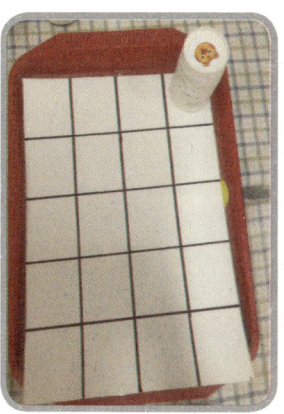

评析

对对碰游戏是一个比较常见的游戏，本次活动投放的是卡通动物形象的图片，对于幼儿来说更有趣味性。对对碰游戏不仅能够锻炼幼儿的思维能力和手眼协调能力，还能够培养幼儿的专注力。

河南省濮阳市实验幼儿园　韩娜

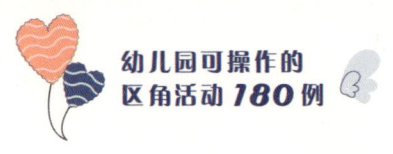

51 各种各样的蓝色

活动名称： 各种各样的蓝色

适宜年龄： ★中班

活动目的：

1. 尝试溶解染料，获得各种各样的蓝色。
2. 发现颜色的奇妙变化，对调色感兴趣。
3. 有探索的好奇心，体验成功的快乐。

材料准备：

小勺子、染料、量杯、滴管、水、试色纸（宣纸）。

游戏玩法：

1. 用小勺子取染料倒入量杯，用滴管吸水滴入量杯，观察染料溶解的过程。
2. 用滴管吸出溶解后的染料，滴在试色纸上，观察颜色的变化。
3. 展示结果。

  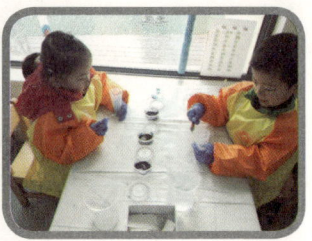

评析

蓝色种类繁多，每一种蓝色都各有特色，《3—6岁儿童学习与发展指南》（以下简称《指南》）中提到，要支持和鼓励幼儿在探究过程中积极动手动脑寻找答案或解决问题。由此，本活动让幼儿尝试动手操作溶解染料，并发现在染料中加入水量的多少跟颜色的深淡有着密切的关系这一现象，让幼儿在探究中发现，在发现中成长。

江苏省无锡市新吴区新安街道新安中心幼儿园　谢晓燕

科探区

52 会跑的小球

活动名称： 会跑的小球

适宜年龄： ⭐小班 ⭐中班

活动目的：

1. 感受小球在管道中滚落时的速度。
2. 观察小球在不同布局的管道中滚落的不同轨迹。
3. 有探索小球滚落的好奇心。

材料准备：

1. 若干小球。
2. 布置好的管道。

游戏玩法：

1. 幼儿在篮子里选一个小球，放到管道口，放手后观察小球在管道内滚动。

2. 幼儿在篮子里选一个小球，放到管道口，放手后观察小球会从哪个管道口滚出来，探索小球在不同布局的管道中滚落的不同轨迹。

评 析

形状各异的管道，激发了幼儿参与游戏的积极性。幼儿亲手把小球放在管道口，看着小球按照既定的轨道快速地滚到地上的盒子里，在反复的操作中感知和体会球体滚动的特性，从而激发幼儿进一步探索的好奇心。

重庆市新桥医院幼儿园　周丹

53 会跳舞的豆豆

活动名称： 会跳舞的豆豆

适宜年龄： ★中班

活动目的：

1. 通过自主探索，敲击鼓面使豆豆跳动，感受神奇的弹力。
2. 体会与同伴一起游戏的乐趣。

材料准备：

自制鼓面、各种各样的豆豆、敲击小棒等。

游戏玩法：

1. 创设"会跳舞的豆豆"情景，引导幼儿自主探索让豆豆跳舞的好办法。例如，可以扔豆豆、敲豆豆，还可以拨豆豆等。

2. 比赛谁的豆豆跳得高，探索"用力敲豆豆跳得高，轻轻敲豆豆跳得低"的秘密。

3. 观察豆豆在跳什么舞，圆圈舞、拉手舞等。

> **评析**
>
> 豆豆是一种超低结构化的游戏材料，适合不同层次的幼儿。对于幼儿而言，对弹力的感知不是一蹴而就的，需要在日常生活中自然而然地进行引导，通过较为直观的感知，帮助幼儿进一步理解弹力。

浙江省海宁市实验幼儿园教育集团康桥幼儿园　陆金薇

科探区

54 可爱的小兔子

活动名称： 可爱的小兔子

适宜年龄： ⭐小班

活动目的：

1. 了解兔子的外形特征及生活习性。
2. 丰富幼儿的语言，学习使用"毛茸茸、蹦蹦跳跳"等词语。
3. 培养幼儿热爱小动物，关心、亲近小动物的情感。

材料准备：

兔子若干只、青草若干、各种蔬菜若干（白菜、胡萝卜、菠菜、黄瓜等）。

游戏玩法：

1. 幼儿与兔子亲密接触，抱抱摸摸兔子，感知并学说"毛茸茸、蹦蹦跳跳"等词语；知道兔子有三瓣唇、长耳朵、短尾巴、红眼睛等特征。

2. 将兔子放于草地上供幼儿观察，让幼儿了解兔子蹦蹦跳跳的行进方式。

3. 让幼儿用青草和蔬菜喂兔子，了解兔子喜欢的食物有哪些。

评析

与兔子的零距离接触，可以让幼儿感知兔子的外形特征和生活习性。在关心照料兔子的过程中，可以丰富幼儿的语言，帮助幼儿学说并深刻理解"毛茸茸、蹦蹦跳跳"等词语，提高幼儿的口语表达能力；可以培养幼儿的爱心、责任心。

山东省泰安市宁阳县第二实验幼儿园　张现睿

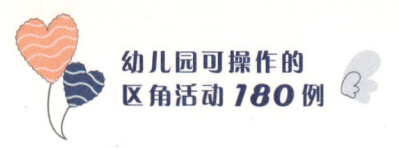

55 梨花喝水

活动名称：梨花喝水

适宜年龄：⭐大班

活动目的：

观察梨花通过茎吸水的现象，了解植物通过茎输送水分的简单道理。

材料准备：

带有梨花的茎枝、各色颜料、透明瓶子、记录纸、笔。

游戏玩法：

1. 单色花实验：将梨花的茎部浸入瓶子中，将有颜色的水倒入瓶子，过一段时间，请幼儿观察梨树茎和梨花的变化。

2. 双色花实验：将梨花茎剪开，分别浸入两种不同颜色的水瓶中，过一段时间，观察梨花茎和花的变化。

3. 请幼儿记录并讨论梨花变色的原因。

评析

幼儿是"直觉的科学家"，他们在生活中自然而然地观察、感受、认识着周围的世界和现象，并在这一过程中建构着属于自己的经验。"梨花喝水"从幼儿日常生活中常见的科学现象入手，帮助幼儿自主探索植物通过茎吸水的现象，了解植物通过茎输送水分的简单道理；让幼儿在观察、发现、操作、探索中了解科学现象，感受科学奥秘，体验科学探究的乐趣。

山东省聊城市莘县实验幼儿园　梁俊霞

56 平衡超人

活动名称： 平衡超人

适宜年龄： ★大班

活动目的：

1. 尝试用牙签、游戏棒等材料组装平衡架。
2. 能通过增加两端物体的重量，探究保持平衡的方法。

材料准备：

牙签、游戏棒、橡皮筋、线、黄豆、彩泥、积木等。

游戏玩法：

第一层次：按照图示制作毛豆平衡器；探索玩法，发现平衡器与重心的关系。

第二层次：探索使用多元材料（橡皮、橡皮泥、黄豆壳等）制作平衡器，使之保持平衡状态。同伴之间比一比谁的平衡超人最厉害！

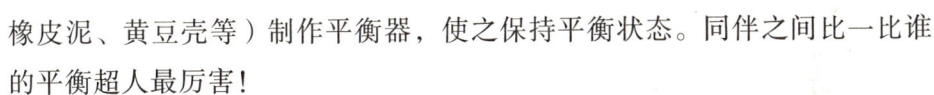

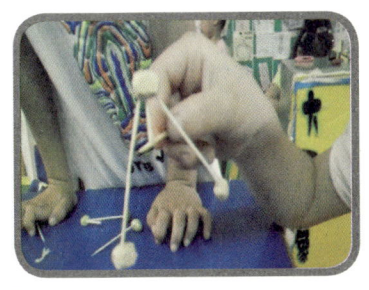
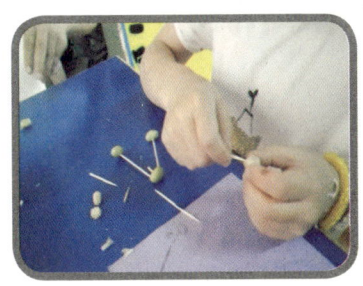

评析

让幼儿自己探索平衡器的制作方法，制作出来的平衡器可以用于与同伴进行游戏或比赛。教师可在背景墙上制作"挑战榜"，记录挑战成绩，以激发幼儿不断探索的激情。

浙江省海宁市实验幼儿园教育集团实验幼儿园　郁晓洁

57 七彩音阶

活动名称： 七彩音阶

适宜年龄： ★中班

活动目的：

1. 发现不同水量的玻璃瓶敲击时发出的音色不同。
2. 喜欢敲击音乐的游戏，在探索中感受自制乐器的乐趣。

材料准备：

若干玻璃瓶、敲击的小棒、各色颜料。

游戏玩法：

1. 幼儿每人拿一个玻璃瓶，在瓶中装入水。
2. 观察每个瓶子中的水多少是否一样，拿小棒敲击不同的玻璃瓶，辨别音色的区别。
3. 幼儿将玻璃瓶按照水量的多少依次排开，放入不同的颜料搅拌。
4. 尝试敲击简单的旋律。

评析

玻璃瓶中的水量可以从多到少，也可以从少到多，玻璃瓶的大小可以更加多样，敲击瓶子的小棒也可以使用不同材质，如木质、铁质、塑料等，让幼儿有更多探索的空间，感受敲击乐器带来的快乐。

重庆市新桥医院幼儿园　徐文静

58 桥的秘密

活动名称： 桥的秘密

适宜年龄： ★大班

活动目的：

探索纸张厚度与承重关系。

材料准备：

立体大桥背景、桥的演变照片、桥的秘密（自制书）、桥墩若干、测试纸（手工纸、卡纸、铅画纸）、记录表、水笔、测重代币若干。

游戏玩法：

1. 幼儿选择不同的材料纸作为桥面，将桥面放在两个桥墩上，将代币放在桥面上测试承重情况，记录桥面的样子和代币的数量。

2. 根据教师预设的桥梁的不同间距，进行测试并记录结果。

3. 自己设计一个桥面和桥墩的距离，进行测试和记录。

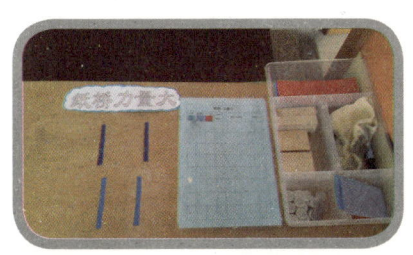

评析

通过日常的活动，幼儿对桥已经有了一定的认识，积累了一定的经验。在这个活动中，幼儿通过自己的选择发现纸张的厚度不同承重就不同，而且桥墩之间的距离也影响着桥面的承重。幼儿就是这样在一次又一次的成功和失败的过程中，不断积累着学习经验。

上海市杨浦区新跃双语幼稚园 邓嵩峰

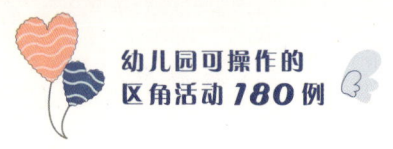

59 趣味造纸术

活动名称： 趣味造纸术

适宜年龄： ⭐大班

活动目的：

1. 幼儿尝试简单的造纸活动，体验造纸的乐趣。
2. 会用制作出的纸张进行创意装饰画。

材料准备：

A4 和 A5 造纸框若干、接水盆、木勺子若干把、湿纸浆、作品框、麻绳、夹子、彩色薄纸等。

游戏玩法：

1. 准备材料纸浆、网框、木勺等，根据需要纸张的厚薄按比例给湿纸浆兑水。
2. 搅拌，让纸浆完全散开，以没有大团纸浆为准。
3. 幼儿将造纸框架放在任意可以接水的托盘上或者接水盆上，用木勺盛出稀释后的纸浆，轻铺一层于纸框上。
4. 立放自然晾干，一张纸就制作完成了。
5. 幼儿根据需要在纸上作画，还可以用树叶、鲜花、彩纸等进行创意装饰。

评析

纸是幼儿生活中最常见的物品，也是幼儿经常使用的材料。幼儿在活动中不仅能体验造纸的乐趣，还能用自己制作出的纸来创作装饰画，充分促进了幼儿想象力和动手能力的发展。在制作纸的过程中，幼儿还可以尝试用不同的原料（卫生纸、报纸、废旧纸张等）做纸浆，制成不同的纸，进一步比较其区别。

山西省临汾市山西师范大学幼儿园　张岩宇

60 认识沉浮

活动名称：　认识沉浮

适宜年龄：　⭐大班

活动目的：

1. 学会用简单的符号"↑""↓"表示物体的上浮和下沉，并进行记录；感知物体在水中的沉浮现象。

2. 乐于参与科学小实验。

材料准备：

1. 每组1个玻璃缸，缸里有半缸水，擦手毛巾每人1条。

2. 各种实验材料（塑料夹、木块、钉子、实心塑料球、核桃壳等）若干。

3. 每人一张记录纸和一支笔。

游戏玩法：

1. 认识实验材料，初步了解表示沉浮的符号（"↑"表示物体上浮、"↓"表示物体下沉）。

2. 自己设计记录表，对实验结果进

行假设,把假设的结果记录在记录纸上。

3.实际操作,验证假设,发现沉浮现象并记录。

评析

日常生活中,幼儿很喜欢玩水。根据《指南》提出的要求,5~6岁的幼儿应具有能探索并发现常见的物理现象产生的条件或影响因素的能力;能用一定的方法验证自己的猜测;能用数字、图画、图表或其他符号记录;为孩子提供生活中熟悉的物品,让孩子在操作中学会思考,乐于参与科学小实验。

活动开始时,教师可先让幼儿自己设计记录表,对实验结果进行假设,然后做实验验证假设。反复的尝试既锻炼了幼儿的动手操作能力,又使幼儿领悟了物体沉浮的现象,培养了他们的探索精神,使幼儿的观察力、想象力、创造力等得到发展。

山东省聊城市莘县实验幼儿园 岳华

61 沙漏

活动名称: 沙漏

适宜年龄: ★中班

活动目的:

1.锻炼幼儿的手眼协调能力。

2.通过游戏,体验参与活动的乐趣。

材料准备:

自制沙漏、沙子、豆子等。

游戏玩法:

幼儿设法将沙漏上面的沙子或豆子漏到下面,要掌握好角度,不能没有目标地摇来摇去,看谁完成得又快又好。

科探区

评析

利用大小一样的水杯对接成沙漏,根据提供的材料设计沙漏的孔洞,幼儿在操作中选择自己感兴趣的沙子或豆子进行观察。本次活动能够培养幼儿的手眼协调能力和专注能力。

宁夏回族自治区银川市第一幼儿园　王芸

62 水车转转转

活动名称： 水车转转转

适宜年龄： ★中班 ★大班

活动目的：

1. 激发幼儿热爱科学,积极探索事物的兴趣。

2. 促使幼儿探索水车取水的科学原理。

3. 培养幼儿的团队合作意识。

材料准备：

大型水车1台、灌溉田若干亩。

游戏玩法：

1. 幼儿触摸、观察水车外形特点,初步认

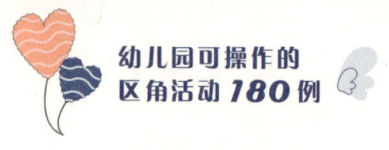

识水车是由转轮、脚蹬架、车轴、水斗等组成。

2. 幼儿尝试脚蹬转轮，发现水车能通过转动取水。

3. 尝试一个人蹬水车，发现水车转轮变慢，且带水少；两人或多人蹬水车，会使转轮转动加快，带水多。

4. 多人协商合作，共同蹬转轮，利用水车转动带水的现象灌溉田地。

评析

水车独特的造型吸引着幼儿强烈的探索欲望，通过尝试让水车转动，幼儿发现了水车能运水的秘密。经过反复尝试，幼儿发现与同伴合作可以完成灌溉田地的小任务，这项活动可以培养幼儿的团队合作意识。

山东省泰安市宁阳县第二实验幼儿园　张现睿

63 水的流动

活动名称：水的流动

适宜年龄：★中班★大班

活动目的：

1. 在游戏中感受水的流动性，以及水流受外力、障碍物的影响会改变流向等。

2. 乐于探索水的秘密，体验成功的乐趣。

材料准备：

压水机、水流瓶、自制水中龙卷风玩具、装满水的大型塑料盒。

游戏玩法：

1. 进入活动区，选择喜欢的操作材料进行探索。

2. 压水机组：压水机底盘装部分水，上下按压压水机的手柄，幼儿观察压水机桶内的变化，以及水位上升到一定高度又有什么变化，并思考产生变化的原因。

科探区

3. 水流瓶组：从瓶子顶部装水进去，观察瓶子里物体的变化。

4. 水中龙卷风组：装有水的瓶子朝上，空瓶朝下，握住两个瓶子连接的地方，朝水平方向顺时针摇动瓶子，观察水的变化。

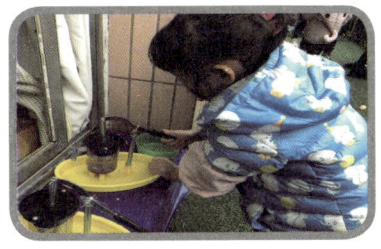 

评析

玩水是每个幼儿的天性，如何将水玩出花样、玩出特色，这是教师需要思考的问题。水一般是从高处流向低处，如果加以外力作用，水的流向会不会改变？水流过程中添加障碍物，水的流向又会有什么变化？带着这些问题，幼儿们在玩水的过程中积极探索、发现，感受到了科学的奥秘。

重庆市新桥医院幼儿园　曾淑红

64 我们来种植

活动名称：　我们来种植

适宜年龄：　★中班

活动目的：

1. 学习简单的种植知识。

2. 仔细观察和发现植物生长中的神奇，并将过程进行简单记录。

3. 体验种植和收获的快乐，热爱种植。

材料准备：

1. 园内种植区。

2. 小铁锹、水壶、各种植物苗。

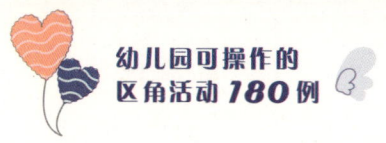

3. 植物标签及观察记录本人手一册。

游戏玩法：

1. 幼儿带着在家收集的植物幼苗来到种植园。
2. 在教师的指导下分步骤进行种植活动。
3. 记录植物生长情况并和同伴交流分享。

评析

　　走进自然是幼儿最喜爱的游戏活动之一，大自然对幼儿有着天生的吸引力，能够吸引幼儿探索、发现。幼儿乐于亲力亲为地为自己种植的植物挖土、种植、浇水、记录、分享，忙得不亦乐乎。在这个过程中，幼儿的责任心得到进一步加强，相信今后他们会时刻关注自己种植的植物的生长情况，对植物的每一点变化，都会产生由衷的喜悦。

安徽省蚌埠市陆军装甲兵学院蚌埠校区幼儿园　　王京丽

65 小磁石真有趣

活动名称： 小磁石真有趣

适宜年龄： ★小班

活动目的：

1. 尝试了解小磁石可以吸引哪些物品。
2. 初步探索磁石在生活中的作用。
3. 敢于多次尝试，培养耐性。

材料准备：

磁力组合教具。

游戏玩法：

1. 幼儿通过图片的情境引导，在每一处自由创编停留，通过触碰不同种类的材质来发现小磁石只能与铁制品相吸引的特性。

2. 拿着磁石与教室的水杯、柜子、剪刀、栏杆等不同物品进行尝试，验证生活中哪些物品可以被磁石吸起来。

3. 从玩具箱中找出利用磁性做出的玩具进行游戏。

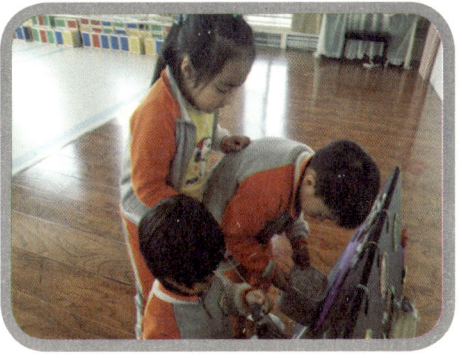

评析

小班幼儿对于科学类的游戏是比较感兴趣的，利用情境图片激发幼儿的想象力，让他们通过多次尝试发现与小磁石相吸引的只有铁制品，初步了解磁力在生活中的作用。

山东省威海市环翠区孙家疃第一幼儿园　张霞

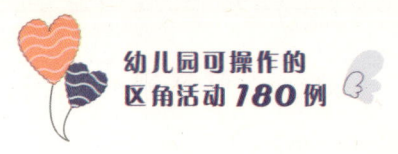

66 小猴荡秋千

活动名称： 小猴荡秋千

适宜年龄： ★中班

活动目的：

1. 自主探索挂小猴和摘小猴的秘密。
2. 锻炼幼儿小手的灵活性。
3. 体会与同伴一起竞赛游戏的乐趣。

材料准备：

大树、两种颜色的游戏棒、小猴子、收纳盒、记分牌、表征记录纸等。

游戏玩法：

幼儿合作组装大树，选取一个颜色的游戏棒。游戏开始后，幼儿将手中的游戏棒插入大树，然后将小猴子轻轻地放入大树中，直到所有的小猴子都挂在树上荡秋千。幼儿抽取任意一根游戏棒，掉下来的猴子归自己。数数谁的猴子多，多者为胜，用记分牌记录。几轮之后，比一比谁的得分高。

游戏后，幼儿将自己在游戏中遇到的问题与发现用表格记录下来，与同伴分享。

> **评 析**
>
> 本游戏使用的材料能够满足不同能力幼儿的需求，幼儿的观察能力、小肌肉的操控能力与协调能力在游戏中得到了发展。当幼儿发现挂小猴和摘小猴的秘密后，可以增加游戏难度。例如，不同颜色的游戏棒得分不同，黄色1分、蓝色2分等。教师也可以有意识地邀请能力相当的幼儿竞赛，促进同伴之间的平等竞争。

浙江省海宁市实验幼儿园教育集团康桥幼儿园　陆金薇

67 小沙瓶

活动名称： 小沙瓶

适宜年龄： ★中班

活动目的：

1. 尝试用各种瓶子装沙子，摇晃感受声音的不同。
2. 对小沙瓶产生好奇心，乐于制作各种各样的小沙瓶。

材料准备：

各种各样的瓶子、沙子、记号笔。

游戏玩法：

1. 幼儿按自己的意愿选择空瓶子。
2. 在瓶子上用记号笔画线，表示装入沙子的量。
3. 盖好瓶盖并摇晃瓶子，感受小沙瓶发出的声音。

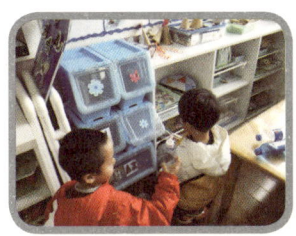  

评 析

沙是一种自然物，具有与众不同的特性。玩沙可以使幼儿心情放松，起到愉悦身心的作用。活动中，幼儿玩沙时，既要动手又要动脑，既活动了身体又使动手能力得到了发展，同时还能够在活动中感知物品的性质，为物理知识的积累打下一定的基础。

江苏省无锡市善德幼儿园　费烨玲

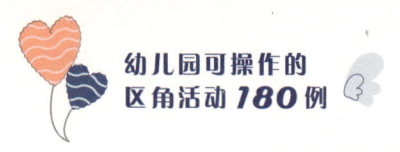

68 颜色大碰撞

活动名称：颜色大碰撞

适宜年龄：⭐中班

活动目的：

1. 知道红色、黄色、蓝色相互碰撞在一起会变成什么颜色。
2. 对颜色的融合有兴趣，有探索发现的精神。

材料准备：

红色、黄色、蓝色颜料水，厚纸巾若干。

游戏玩法：

幼儿将纸巾的两头分别放入不同颜色的颜料瓶中，耐心等待并仔细观察两种颜色在纸巾中碰撞在一起会发生什么变化。

评 析

幼儿对实验很感兴趣，纸巾操作吸水量少，两种颜色碰撞在一起效果不明显。教师可引导幼儿用吸管吸取两种颜色滴在空瓶子中，颜色相融效果会更加直接，幼儿会对实验更感兴趣。

重庆市新桥医院幼儿园　徐文静

69 有趣的滚动

活动名称：有趣的滚动

适宜年龄：⭐大班

活动目的：

1. 引导幼儿观察不同形态的物体滚动轨迹的不同。

2. 引导幼儿思考物品形态和外部条件之间的关系。

3. 发展幼儿的观察力和手眼协调能力。

材料准备：

1. 能够滚动的球状和带轮的物体。

2. 不同形式的轨道。

游戏玩法：

玩法一：圆球的单一轨道滚动，尝试把球滚动到指定位置。

玩法二：球的迂回滚动，尝试将球从始点滚动到终点。

玩法三：从顶端投入球，尝试按照既定轨道将球从顶端滚动到底端。

玩法四：设置不同坡度，引导幼儿尝试在不同的轨道上进行小车的轮式滚动，观察小车行进速度和坡度的关系。

玩法五：不同物体在相同坡度滚动，发现它们之间的联系和关系。

评析

不同形态和不同形式的滚动，激发了幼儿的探索欲望和兴趣，幼儿在探索活动中观察、体验、思考，了解到不同的形态、不同的重量、不同的轨道与滚动轨迹和速度等之间的关系，引发了他们探究科学现象的兴趣，为培养幼儿深入学习科学知识打下了良好的基础。

山东省莱阳市实验幼儿园　李向荣

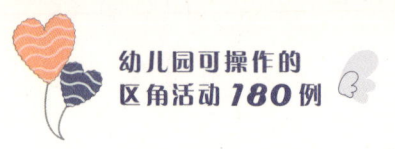

70 找影子

活动名称：找影子

适宜年龄：★小班

活动目的：

帮助幼儿熟悉各种动物的主要特征。

材料准备：

1. 各类特征明显的动物图片若干。
2. 相对应的影子底稿若干。

游戏玩法：

1. 幼儿自由选择一种自己喜欢的动物，说说这种动物长得什么样。
2. 幼儿自选一个影子，找一找与之相对应的小动物，然后将小动物和他的影子重叠在一起。

评析

开始时可以通过动物找影子，等幼儿熟练后，可以通过影子找小动物，或者幼儿两两进行比赛，看谁找得快，提高幼儿参与活动的积极性。

江苏省苏州市苏州叶圣陶实验小学幼儿园　王静

71 百变彩泥

活动名称： 百变彩泥

适宜年龄： ★中班

活动目的：

1. 培养幼儿的手脑协调能力，促进小肌肉的发育。

2. 能结合感性经验和生活情趣展开创想、制作、造型。

3. 体验动手制作带来的乐趣，愿意与同伴一起分享成功的快乐。

材料准备：

各种颜色的彩泥、工具和辅助材料。

游戏玩法：

1. 进入活动区，幼儿自主选择不同颜色的彩泥、工具和辅助材料。

2. 猜想创意制作的主题，教师适当引导；鼓励幼儿按照自己的意愿自由创作。

3. 交流、展示作品。

评 析

百变彩泥是幼儿喜欢的手工操作活动之一，幼儿可以展开想象，通过捏、粘、卷、揉、搓等基本技能创作出与众不同的彩泥作品。在制作过程中，幼儿的动脑动手能力得到了锻炼，思维和意志受到了考验，创作力得以发挥。幼儿在快乐的手工活动中体验到了成功的喜悦，使自身对空间事物的感知能力得到了提升。

河北省保定市高碑店市第二幼儿园　刘静

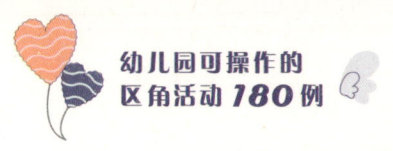

72 抱枕俱乐部

活动名称： 抱枕俱乐部

适宜年龄： ★大班

活动目的：

1. 阅读制作抱枕步骤示意图，尝试制作抱枕。
2. 能将游戏中的问题与发现用符号记录下来，体验抱枕制作过程中的乐趣。

材料准备：

布、剪刀、棉花、制作抱枕步骤示意图、水彩笔、记录纸。

游戏玩法：

1. 幼儿阅读制作抱枕示意图，学习制作抱枕的方法。
2. 幼儿根据已有经验选取剪刀，将两块布重叠并在布四周剪一圈布条，两两合作将布条打结，将抱枕缝合，最后塞入棉花。
3. 在抱枕上画上自己喜欢的图案，完成后挂到展览架子上进行欣赏。
4. 用符号记录制作过程中遇到的问题和解决的方法。

评析

抱枕的成型来源于幼儿的生活经验，幼儿能仔细观察示意图进行自主制作，在制作中主动提出问题，对于遇到的困难能够寻求帮助，并尝试寻找解决方法。幼儿在制作抱枕过程中对于一次的失败并不气馁，而是会找到方法坚持去完成，体现了一定的坚持性。大班幼儿交流、合作方面的能力逐渐增强，每个幼儿都有自己的主见与想法，大家一起商量会让游戏朝着他们喜欢的方向发展，会拓展出我们意想不到的新游戏。

江苏省无锡市杨市中心幼儿园　赵陈波

美工区

73 彩色画布

活动名称： 彩色画布

适宜年龄： ★小班

活动目的：

1. 尝试在不同材料上进行滴画，感知水流动的特性。
2. 对滴画色彩效果感兴趣，体验滴画带来的快乐和喜悦。

材料准备：

1. 滴管、各色颜料、抹布。
2. 废旧材料、手帕、纸巾、纸盒等。

游戏玩法：

1. 用滴管吸取颜料后滴在废旧材料上，让废旧材料变得五彩斑斓。
2. 提醒幼儿注意保持整洁。

评析

　　滴画是美术的一种表现形式，能够让幼儿在动手操作的过程中感受美、表现美、创造美。小班幼儿年龄小，需要激发幼儿对美术活动的兴趣，通过这种新的形式，让幼儿感受用滴管作画的乐趣，有利于提高小班幼儿对美术活动的兴趣。

重庆市新桥医院幼儿园　周丹

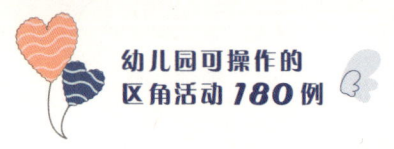

74 彩石乐

活动名称： 彩石乐

适宜年龄： ★小班 ★中班 ★大班

活动目的：

1. 巩固基本的濡染、添画技能。
2. 能运用现有材料在石头上创意、添画。
3. 锻炼幼儿的发散思维。

材料准备：

各种形状的石头、水彩颜料、彩笔、油画棒、调色盘。

游戏玩法：

1. 幼儿自主进入活动区，自选喜欢的石头形状。
2. 创想自己想要制作的主题，选择彩笔或彩泥等辅助材料，先在石头上勾画轮廓，然后涂染或添画。
3. 和同伴分享自己制作的彩石作品，介绍创作的主题。
4. 运用彩石开展游戏、进行故事活动。

评析

形状各异、大小不一的石头，深受幼儿喜爱。运用石头作画，能够使幼儿充分展现丰富的想象力，锻炼他们的发散思维能力，并在介绍作品的同时，学习他人长处。

河北省保定市高碑店第二幼儿园　赵素杰

美工区

75 插花

活动名称： 插花

适宜年龄： ★中班

活动目的：

1. 通过插花练习，锻炼幼儿手部肌肉的灵活性、协调性。
2. 通过插花，体验制作的成功感，培养自信心。

材料准备：

1. 将饮料瓶上端剪掉，瓶身剪成近1厘米宽的枝条状，并将头部修剪成圆弧状。
2. 将彩色泡沫剪成不同形状的薄片，中间开一道小口。

游戏玩法：

将彩色泡沫片插在饮料瓶的枝条上形成一个个美丽的花瓶。

评 析
废旧饮料瓶做成的花瓶和泡沫做成的花瓣，在幼儿的创意下，变成一瓶瓶好看的花，这既锻炼了幼儿的动手能力，又增强了幼儿的审美情趣。

宁夏回族自治区银川市第一幼儿园　王芸

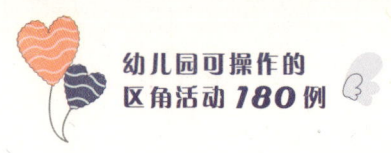

76 创意纸盘脸

活动名称：　创意纸盘脸

适宜年龄：　⭐中班

活动目的：

1. 尝试用彩色毛球、扭扭棒进行贴画，练习排列粘贴的能力。
2. 感受粘贴画的乐趣，保持桌面、地面整洁。

材料准备：

彩色毛球、扭扭棒、乳白胶、棉签、纸盘、勾线笔、做好的作品一幅。

游戏玩法：

1. 幼儿进入活动区，观察贴好的纸盘脸，了解做纸盘脸的方法和要求。
2. 选材作画，先用勾线笔画出娃娃的眼睛、鼻子、嘴巴等，再用彩色毛球、胶水、扭扭棒等进行粘贴装饰。
3. 作品完成后同伴之间相互学习、评价。

评　析

　　活动前幼儿对脸的组成有了一定的了解，但是他们没有想到还可以用纸盘做出一张漂亮的脸，这项活动非常能够吸引他们的注意力：如何做出一张有创意的纸盘脸？制作过程中如何有效运用彩色毛球和扭扭棒？这项活动不单考验了幼儿多方面的能力，而且对幼儿来说也是一项难度不小的挑战。

重庆市新桥医院幼儿园　　曾淑红

77 大树笔记

活动名称：大树笔记

适宜年龄：★大班

活动目的：

1. 对树、树叶、树的果实等有更详细、更深入的认识。
2. 学习记录自己的观察结果并制作小书。

材料准备：

彩色卡纸，树叶、果实等相关标本，笔，订书器等。

游戏玩法：

将自己观察到的树、叶、果实等记录或拓印下来，制作一本关于树的小书。

评析

活动中，幼儿们非常投入，积极性很高，他们想方设法以艺术的形式表达出自己对树的认识。生活中，教师应尽可能地让幼儿看到、听到、闻到、摸到不同种类、不同环境中的树，让幼儿和树有足够的相处时间，让幼儿用他们天生的好奇心与敏锐的观察力，发现树的不同之处。

河北省保定市高碑店市第一幼儿园　张贺红

78 多彩汽车

活动名称： 多彩汽车

适宜年龄： ⭐大班

活动目的：

1. 体验制作、装饰汽车的成就感。
2. 能够大胆想象，创作、描绘和装饰各类汽车，以提高幼儿的艺术审美力。
3. 能将美工材料收放整齐，懂得欣赏、评价作品。

材料准备：

水彩笔、蜡笔、各类纸、纸板、陶瓷的汽车模型、自制纸板汽车、剪刀、双面胶、胶泥、雪糕片、玉米粒、插珠、刮画纸、汽车图片装饰区角。

游戏玩法：

1. 欣赏汽车图片，感受各种汽车不同的色彩和形状。

2. 了解美工区材料，进行汽车美工创作比赛。交代任务：绘画、装饰、制作各种车辆。

3. 幼儿选择喜欢的材料进行创作：

（1）设计、绘制车辆，并用剪刀剪下来。

（2）为陶瓷和自制纸板汽车装饰、涂色。

（3）用废旧纸板、雪糕片自制汽车。

（4）用胶泥捏不同造型的汽车。

（5）用玉米粒粘贴装饰汽车。

（6）各色插珠拼插汽车。

（7）刮画绘制汽车。

4. 幼儿分享、展示、交流作品，并相互评价。

评 析

材料在区角活动中的作用极大,本次活动投放了大量材料,供幼儿自主选择,但由于幼儿具有模仿和盲从心理,教师可以鼓励幼儿运用多种材料创作作品,避免材料的单一使用。活动后,教师可以将作品投放表演区进行展示。

重庆市新桥医院幼儿园　胡春艳

79 多样的小猪

活动名称: 多样的小猪

适宜年龄: ★大班

活动目的:

1. 通过观察图片、涂色,了解小猪的外貌特征。
2. 用多种材料制作小猪。
3. 激发幼儿动手操作的热情。

材料准备:

水彩笔、蜡笔、各类纸、纸板、陶瓷的小猪模型、剪刀、双面胶、胶泥、雪糕片、玉米粒、插珠、刮画纸、图片。

游戏玩法:

1. 观察图片,给轮廓图片涂色。
2. 手撕彩纸,拼贴出想象中的小猪。
3. 了解小猪的体貌,利用太空泥或面粉制作小猪。

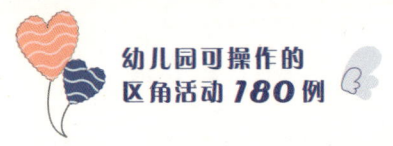

评析

在美术区投放各种材质的材料,由易到难,循序渐进地帮助幼儿掌握小猪的体貌特征。再让幼儿通过撕、贴、捏等多种形式将自己想象中的小猪呈现出来,这项活动能够很好地锻炼幼儿的动手操作能力。

山东省威海市环翠区孙家疃第一幼儿园　张霞

80 海底世界

活动名称: 海底世界

适宜年龄: ★大班

活动目的:

1. 了解海洋中的各种生物及它们的主要特点。
2. 喜欢用多种材料和表现手法创意小动物造型。
3. 发展幼儿的想象力、创造力、表现力,并创意海底故事。

材料准备:

海洋生物模型、图片,瓶子,橡皮泥,盐粉,纸盘,贝壳,树叶,绘画类材料等。

游戏玩法:

1. 幼儿自由欣赏海底生物,观察、了解其特征。
2. 幼儿自由选择喜欢的材料创意海底世界,交流合作运用多种方式表达创意,创作完成后互相展示、交流自己的作品。

评析

海洋生物是幼儿非常感兴趣的动物朋友，"海底世界"活动激发了幼儿积极探索的兴趣。在此基础上，教师给幼儿提供丰富的材料，为幼儿自由合作创意的空间提供充足的物质基础，激发幼儿大胆创意。"海底世界"活动促进了幼儿在科学、艺术、语言、社会等多领域能力的发展。

山东省日照市东港区陈疃镇中心幼儿园　董美萍

81 好吃的面条

活动名称：　好吃的面条

适宜年龄：　★小班

活动目的：

1. 幼儿学习撕长短、粗细等形状不同的面条。
2. 在活动中发展幼儿的动手能力和手眼协调能力。

材料准备：

彩色纸、厨具、碗等。

游戏玩法：

1. 幼儿用不同颜色的手工纸撕长短、粗细不同的彩色面条。
2. 幼儿将撕好的彩色面条放到"锅里"煮，丰富幼儿的生活经验。

评析

幼儿在进行撕纸活动时，可以放飞双手，自主创意面条，丰富生活经验。

江苏省淮安市合肥路幼儿园　朱海芹

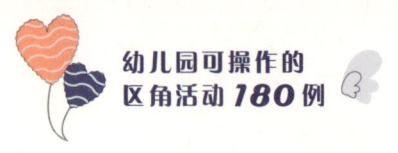

82 好玩的拓印

活动名称：好玩的拓印

适宜年龄：★中班

活动目的：

1. 尝试用积木等玩具拓印，对拓印活动感兴趣。
2. 观察并比较在干、湿两种布上拓印的效果，感受晕染艺术的美。

材料准备：

白色湿布、干布，染料，各种可拓印的积木玩具。

游戏玩法：

玩法一：

1. 选择湿布和玩具，蘸上自己喜欢的颜色拓印。
2. 观察颜色在布上发生的变化，说一说自己的发现。

玩法二：

1. 选择干布和玩具，蘸上自己喜欢的颜色拓印。
2. 比一比在干布和湿布上拓印的效果有何不同。

评析

拓印是一种创意艺术活动形式，它利用一些自然材料的形状和机理蘸上颜料即可在纸上印出美丽的图案。拓印活动深受幼儿喜爱，自由自在地进行艺术创作更能激发幼儿的创造力和想象力。

江苏省无锡市善德幼儿园　鲍慧敏

美工区

83 花样剪纸

活动名称： 花样剪纸

适宜年龄： ⭐大班

活动目的：

1. 促进小肌肉发育，锻炼手眼协调能力。
2. 发展想象，大胆创新。
3. 能够按照自己的想法剪出喜欢的图案。

材料准备：

安全剪刀、彩色卡纸。

游戏玩法：

1. 熟悉区域规则后进入活动区，幼儿自选剪纸材料。
2. 自由创意，花样剪纸，教师引导、支持幼儿大胆创新。
3. 表述自己的剪纸作品。

评析

教师投放的花样剪纸作品大大提高了幼儿的活动兴趣，在活动中，幼儿通过猜想、创意、表达，将作品运用于游戏，体验到了创作的乐趣、成功的喜悦。

河北省保定市高碑店市第二幼儿园　刘静

84 可爱的小绵羊

活动名称：可爱的小绵羊

适宜年龄：★中班 ★大班

活动目的：

1. 能撕出小绵羊身体的形状并拓印，会把皱纹纸搓成小球做小花。
2. 能用棉签添画小绵羊的四肢、尾巴、小花。
3. 体验美工活动的快乐。

材料准备：

胶水、黄色纸、绿色纸、羊头、皱纹纸、白颜料、棉签、毛根。

游戏玩法：

先贴好羊头，撕出羊的身体，然后用白色的颜料添上四肢和尾巴，最后用毛根蘸颜料拓印卷卷的羊毛，为了让画面更丰富还可以用皱纹纸捏成小团做成五颜六色的花朵。

评析

可爱的小绵羊总会引起幼儿的共鸣，幼儿通过撕一撕、贴一贴、画一画、印一印，创作出了一只只与众不同的小绵羊。在活动中，幼儿的动手能力、创造能力得到了提高，体验了手工活动的乐趣。

江苏省无锡市新安中心幼儿园　黄佳佳

 美工区

85 可爱的小企鹅

活动名称： 可爱的小企鹅

适宜年龄： ★大班

活动目的：

1. 了解企鹅的外貌特征，知道企鹅生活在寒冷的南极。
2. 能用彩纸、轻黏土、油画棒、水粉等多种材料制作企鹅。
3. 喜爱并愿意保护小企鹅。

材料准备：

彩纸、轻黏土、油画棒、水粉、企鹅轮廓图。

游戏玩法：

1. 观察图片，了解企鹅的外貌特征（嫩黄的小嘴、大大的肚皮）。
2. 选择材料制作企鹅，用搓、压、撕、粘贴、绘画等方法制作企鹅的鼻子、脚。例如，用轻黏土搓压嘴巴、小脚，用白色纸撕贴肚皮等。
3. 用多种材料给企鹅戴上帽子、围巾，懂得如何保护自己制作的小企鹅。

评析

企鹅胖胖的小脸、大大的肚皮十分可爱，幼儿非常乐于制作出一只属于自己的小企鹅。他们在搓、压、撕、贴、涂画的过程中加深了对企鹅的印象，锻炼了小手的肌肉。

江苏省淮安市合肥路幼儿园　陈洁

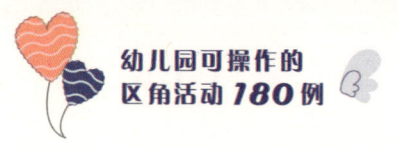

86 可爱的猪宝宝

活动名称：　可爱的猪宝宝

适宜年龄：　★大班

活动目的：

1. 通过活动，提高幼儿的动手动脑能力及专注力。
2. 能用勾线笔勾勒出猪宝宝的基本结构，并沿轮廓线剪出一只完整的猪宝宝。
3. 鼓励幼儿大胆创新，通过添画装饰画面。

材料准备：

记号笔、剪刀、固体胶、折纸（红色）、油画棒、底色卡纸（黑色）。

游戏玩法：

先将红色折纸对折，在有折痕的一面画上小猪的基本轮廓，然后沿轮廓线将小猪剪下并用固体胶粘贴在黑色卡纸上，最后进行局部装饰添画。

评析

在剪的过程中幼儿虽然没有成人剪得那么有规则，但他们能够坚持不懈地完成自己的作品，使自己的意志力得到了锻炼；通过完成画、剪、贴等动作，幼儿的动手动脑能力也有一定程度的提高，审美能力有所提升。

江苏省南通市通州区艺术幼儿园　廖良琼

87 枯树换新装

活动名称： 枯树换新装

适宜年龄： ★中班 ★大班

活动目的：

1. 选择不同材料，运用涂色、添画、剪贴等方式装饰枯树，让旧树换新颜。

2. 按物体大小、颜色等进行装饰，使思维更活跃、动手能力更强。

3. 乐于将自己装饰的小礼物"送给"新年树。

材料准备：

手工纸、卡纸、彩泥、毛毛球、绳子、心愿卡、树、鞭炮、剪刀、固体胶、胶水。

游戏玩法：

1. 教师提供不同的操作材料，幼儿根据需要自主选择。

（1）利用手工纸剪成长方形做鞭炮，可以做平面鞭炮，也可以卷起来做立体鞭炮。

（2）幼儿用不同颜色的手工纸剪成长条，一个一个穿起来，做成彩练。

（3）幼儿运用添画的方法，在心愿卡上添画自己的新年愿望。

2. 利用做好的鞭炮、彩练、心愿卡装扮新年树，共同体会过新年的欢乐。

评 析
根据幼儿的兴趣及需要，教师将长短、粗细各不相同的树枝放在美工区，幼儿利用自己的智慧装扮出别具一格的作品，使枯枝生出花朵，给大家展示一个别样丰富的世界。

江苏省淮安市合肥路幼儿园 陈岸月

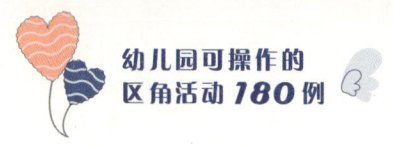

88 快乐敞篷车

活动名称：快乐敞篷车
适宜年龄：★中班 ★大班

活动目的：

1. 根据自己的创意设想，利用鞋子及瓶盖等材料制作彩绘"快乐敞篷车"。
2. 提高美术创意表达能力，树立变废为宝的环保意识。

材料准备：

1. 废旧白色鞋子，水粉、油画棒、笔等绘画工具，瓶盖、双面胶、彩纸等辅助材料。
2. 敞篷车图片若干。

游戏玩法：

1. 欣赏敞篷车图片，想象、设计自己的"快乐敞篷车"。
2. 幼儿以"汽车设计师"的角色，利用鞋子、瓶盖等材料，彩绘、创作"快乐敞篷车"。
3. 用幼儿创作完成的作品，自由组合玩儿敞篷车展览等游戏。

评析

幼儿心灵手巧，用不同的废旧鞋子制作出了各种各样的敞篷车。制作过程中，幼儿们的交流合作既提高了自身的美术创意表达能力，又树立了变废为宝的环保意识。

山东省济南市二机床集团有限公司幼儿园　张蒨

美工区

89 老房子新建筑

活动名称： 老房子新建筑

适宜年龄： ⭐大班

活动目的：

1. 通过观察照片，用线描画的方式表现心中不同的建筑。
2. 感受城市建筑的不同，引发幼儿的学习兴趣。

材料准备：

同一地点的过去和现在对比照片、彩色纸（大红、橘色、浅绿、浅蓝等）、墙砖纸（黑色卡纸、蓝色纸）、线描范例自制书、黑色水笔、炫彩棒、粉笔。

游戏玩法：

1. 幼儿将同一地点的过去和现在的照片进行配对，发现照片中的不同之处。
2. 用线描方式画出老房子，用彩笔、彩纸画出新房子，体验新旧建筑的不同之处。
3. 幼儿用粉笔在黑色卡纸上进行线描画，用黑色水笔在蓝色纸上画线描画，用间隔的方式制作墙砖，体验城墙古朴的装饰方法。

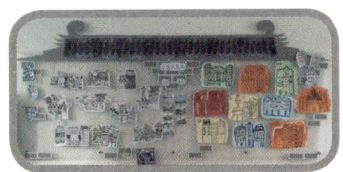

评析

用黑色的水笔体现老房子的古朴典雅，用亮丽炫彩棒凸显城市新建筑的时尚与壮观，表现这两种建筑用的虽是同样的绘画方法，但是选用了不同的纸张和画笔，从视觉效果上给幼儿打造出老房子和新建筑的区别。

上海市杨浦区新跃双语幼稚园　邓嵩峰

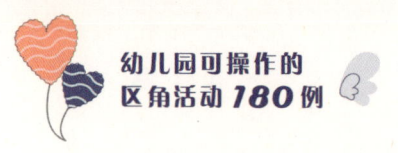

90 美丽的小窝

活动名称：美丽的小窝

适宜年龄：★中班

活动目的：

1. 学习运用手印大胆地与同伴合作拓印小房子。
2. 喜欢装饰小房子，感受与同伴合作画画的乐趣。

材料准备：

不同颜色的颜料、废旧纸箱搭建的小房子模型。

游戏玩法：

1. 幼儿用手指蘸取颜料自由点画，用手掌蘸取颜料进行拓印，装饰房子的墙体和屋顶。
2. 教师和幼儿一起观看拓印的图案，大胆想象并进行添画。

评析

在活动前，幼儿有点画和拓印画的前期经验，知道可以用手掌拓印出不同的图形。比如，每个幼儿用手掌拓印一棵班级树，每个人的小手掌就像大树上的叶子。以已有经验为基础，教师应充分发挥幼儿的想象力，让一座座小房子呈现出与众不同的美丽。

重庆市新桥医院幼儿园　徐文静

美工区

91 民族服饰

活动名称： 民族服饰

适宜年龄： ★大班

活动目的：

1. 认识不同民族，了解各民族的风情特点。
2. 尝试运用彩泥装饰民族服饰。
3. 锻炼手的灵活度。

材料准备：

各种未装饰的民族服饰图、彩泥、黑色细记号笔、双面立体画板。

游戏玩法：

1. 幼儿进入活动区，自由选择作业板。
2. 将彩泥揉成小圆球，再用小圆球拼出花朵，或自由创意其他形状，装饰民族服饰。
3. 用记号笔创意绘画民族服饰的图案。
4. 介绍作品，说明自己的作品是哪个民族的服饰及服饰的特点。

评析

该活动有助于幼儿理解中国有56个民族，在参与装饰民族服饰活动中加深对各民族的了解。各个民族都有自己的特色服饰，幼儿们对这些民族服饰表现出了很大的兴趣，装饰民族服饰活动满足了幼儿的需要。

河北省保定市高碑店市第二幼儿园　赵素杰

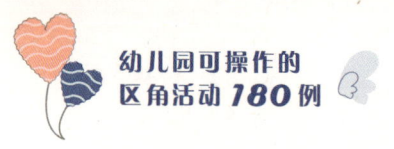

92 魔法瓶盖

活动名称：魔法瓶盖

适宜年龄：⭐中班 ⭐大班

活动目的：

1. 尝试用瓶盖进行平面绘画和立体手工相结合的创作方式。
2. 利用瓶盖展开丰富的想象，进行创作。
3. 在活动中充分体验创作的快乐。

材料准备：

各种颜色、大小不一的瓶盖，双面胶，彩笔。

游戏玩法：

1. 幼儿观察瓶盖的大小、颜色等特点。
2. 利用瓶盖进行想象后开始创作。
3. 作品完成后，给大家讲述自己创作的作品表达了什么。

评析

幼儿喜欢绘画，瓶盖作为容易收集到的材料，幼儿不但可以直接在上面作画，还可以摆出各种造型。本次活动主要是以瓶盖为材料让幼儿进行拼画，这不仅发挥了幼儿的想象力，也提高了幼儿的逻辑思维能力。

河南省驻马店市正阳县幼儿园 邹琦

美工区

93 魔法小人变变变

活动名称：　魔法小人变变变

适宜年龄：　★中班 ★大班

活动目的：

1. 能够沿着画面大小绘画出顶天立地且动作不同的小人。
2. 探究画面造型变化与折线的关系。
3. 通过画面的变化，感受其中的趣味。

材料准备：

记号笔若干、回形针、人手一张折好的长方形纸。

游戏玩法：

1. 在折好的长方形纸上画出一个顶天立地的小人。
2. 拿掉回形针，展开纸张，添画出小人身体空白的部分。
3. 探究折线与小人的关系，有目的地画出小人需要变化的部位。

评析

美工区角活动的设计必须依据幼儿的兴趣及各年龄段幼儿的心理特点，这个活动充分利用了幼儿对于纸张对折过后的兴趣：把画好的小人折回去再拉开，来回反复，纸上的小人就像被施了魔法一样变大了，充分调动了幼儿参与活动的积极性。

江苏省无锡市新安中心幼儿园善德分园　朱莉

94 扭扭棒

活动名称： 扭扭棒

适宜年龄： ★中班

活动目的：

1. 引导幼儿看图示构建造型，由平面到立体。

2. 发展幼儿的精细动作及创造力。

材料准备：

扭扭棒、半成品材料、多种构建图示等。

游戏玩法：

1. 活动初期，引导幼儿感受扭扭棒的柔韧性。

2. 学习看图示构建造型，由易到难，制作成果从平面到立体。

3. 对于有一定难度的作品，可鼓励幼儿在半成品材料的基础上进一步丰富造型。

4. 鼓励幼儿创造性地构建多种造型。

评析

幼儿在操作中很积极、很享受，乐在其中，如果教师能够提供一下操作模型则效果更佳。为照顾到能力发展水平不一的幼儿，教师可以多提供一些半成品材料或者多提供步骤图，让幼儿自主探索。

江苏省苏州市苏州叶圣陶实验小学幼儿园　王静

美工区

95 暖暖的绵羊

活动名称： 暖暖的绵羊

适宜年龄： ⭐小班 ⭐中班

活动目的：

1. 知道冬天多穿衣服不怕冷。
2. 能够选择不同材料用撕、粘贴的方法给绵羊穿上厚厚的衣服。
3. 愿意向同伴介绍自己的作品，体验成功的喜悦。

材料准备：

绵羊简笔画若干、彩纸、彩绳、毛球、油画棒、棉花、双面胶、固体胶。

游戏玩法：

1. 在美工区选择装饰材料，用撕、粘贴的方法给绵羊穿上厚厚的衣服。例如，把彩纸撕成不同形状、毛球按照颜色规律排列、油画棒涂画不同的花纹等。

2. 能够向同伴介绍自己的作品，如用了什么材料或方法来给绵羊穿衣服。

评析

通过创设情境"冬天给绵羊穿上厚厚的衣服"，激发幼儿参与活动的热情。教师可在美工区提供彩纸、彩绳、毛球、油画棒、棉花等丰富的装饰材料，供幼儿选择。幼儿在做一做、说一说的过程中既提升了审美能力，又体验到了成功的喜悦。

江苏省淮安市合肥路幼儿园　陈岸月

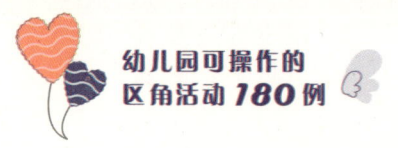

96 漂亮的手帕

活动名称：漂亮的手帕

适宜年龄：★大班

活动目的：

1. 探索颜料和牛奶之间发生的变化，感受彩色和白色的调和之美。
2. 愿意根据色彩的形态变化进行大胆想象，并说出自己的想法。
3. 能大胆表现自己对美的认识，在体验中激发审美能力和创造美的能力。

材料准备：

牛奶、颜料、洗洁精、托盘、滴管、宣纸。

游戏玩法：

1. 尝试利用不同的方式为宣纸"手帕"绘制漂亮的颜色、图案。
2. 尝试利用牛奶、洗洁精、颜料为手帕上色，观察发生的变化并描绘看到的现象。
3. 将手帕轻轻放到容器里进行扎染。
4. 利用宣纸进行拓印并将实验形成的绚丽表现出来。

评析

通过动手尝试，激发幼儿兴趣，在兴趣的驱动下幼儿积极地参与活动，将美的"现象"呈现为美的"结果"，很好地体验到了艺术活动的美妙。

内蒙古自治区鄂尔多斯市东胜区伊克昭幼儿园　李娜

97 奇妙的彩沙

活动名称：奇妙的彩沙

适宜年龄：⭐中班

活动目的：

1. 通过奇妙的彩沙游戏，感受彩沙移动、流淌的美。
2. 学习用撕纸的方式重点添加动物的眼睛及身上的花纹并能讲述画面内容。
3. 体验美术活动的乐趣，发挥想象力与创造能力。

材料准备：

画框人手一份、彩沙杯（每杯放一根搅拌棒）、黑灰手工纸、白色铅画纸底板、音乐、课件、抹布。

游戏玩法：

幼儿选择自己喜欢的彩沙，边倒彩沙边念儿歌："杯子倾斜，轻轻倒。手要动，不能停。杯子用好放原地，换种颜色更漂亮！"（提醒幼儿归放彩沙杯）最后把画框拿起来轻轻摇一摇。

评析

彩沙是幼儿生活中常见的物品，活动中幼儿要尝试让彩沙跟胶水做朋友：搅一搅、倒一倒、晃一晃，让彩沙在纸上自由流淌，形成不同的图样；再经过观察、借形象想，用黑色、灰色的纸添加五官、花纹，一只只栩栩如生的小动物就这样跃然纸上了。

江苏省无锡市新安中心幼儿园　黄佳佳

98 巧手铁艺

活动名称： 巧手铁艺

适宜年龄： ★中班 ★大班

活动目的：

1. 会用细铁丝折弯出自己想象的造型。
2. 在做做、玩玩中分享制作铁艺的快乐。

材料准备：

1. 小钳子、各种彩色细铁丝。
2. 托盘、纸杯、水笔、蛋糕盒等辅助材料。

游戏玩法：

1. 幼儿进入区角，用水笔勾画出自己想要制作的铁艺作品造型。
2. 幼儿设计好造型后便开始制作，也可以两两合作完成作品。
3. 将制作好的铁艺作品摆放到展台，相互评价。

评析

幼儿在折折、弯弯中用彩色细铁丝创造出千变万化的造型，在这一过程中，幼儿感受到了创造美、色彩美，拓展了自身的想象力、审美能力、动手能力，由此又衍生学习了很多彩色细铁丝的可利用特性，创造出了一系列游戏情境，幼儿参与游戏的积极性更加高涨。

安徽省蚌埠市陆军装甲兵学院蚌埠校区幼儿园　王京丽

美工区

99 巧做螃蟹

活动名称： 巧做螃蟹

适宜年龄： ⭐中班 ⭐大班

活动目的：

1. 了解螃蟹的基本特征，尝试运用团、搓、压、插等方法制作橡皮泥螃蟹。

2. 体验创作成功的快乐，以及和同伴分享创作成果的喜悦。

材料准备：

橡皮泥、蛋糕叉、小树杈。

游戏玩法：

1. 将橡皮泥团成圆球，压扁，做成螃蟹的身体。

2. 用橡皮泥做成螃蟹的眼睛和嘴巴粘在螃蟹的身体上。

3. 将蛋糕叉和小树杈插在螃蟹身体的两侧，做成螃蟹的大腿和小腿。

4. 螃蟹完成后放进展示盘中。

评析

在生活中，教师应引导幼儿多发现，收集废旧物品投放到各个区角当中，让幼儿懂得如何变废为宝，并敢于尝试用多种材料创作螃蟹。

山东省烟台市莱州市金城镇公办中心幼儿园　何文娜

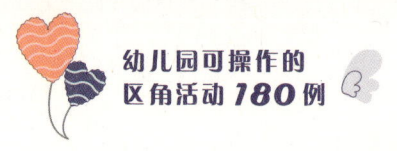

100 青花瓶艺

活动名称：　青花瓶艺

适宜年龄：　★大班

活动目的：

1. 尝试画出各种青花图案，感受青花的美。
2. 尝试用蓝色和白色轻质泥在瓶体上进行装饰，感受青花花瓶的美。

材料准备：

白布剪成花瓶状、蓝色水笔、围裙、手套、桌上铺好吸水布。

游戏玩法：

1. 将花瓶状白布浸湿后沥干水分。
2. 幼儿按自己的意愿用蓝色水笔在上面绘制花纹。
3. 静置作品，让花纹慢慢晕染开。
4. 展示作品。

评析

　　青花瓷，简称青花，青花的美是无以言表的。本活动让幼儿运用水性记号笔的特性，在湿布上作画，观察色彩遇水后慢慢晕染开来的神奇现象，体验妙笔生花的快乐和青花艺术的神韵。

江苏省无锡市善德幼儿园　鲍慧敏

101 沙画

活动名称：沙画

适宜年龄：⭐中班

活动目的：

1. 尝试用胶水和沙子作画,感受沙画的美。
2. 感知沙子的特性,体验创作的快乐。

材料准备：

沙子、胶水、托盘。

游戏玩法：

1. 在托盘里抹上胶水。
2. 往托盘里撒沙子。
3. 用手指在沙上按自己的意愿作画。
4. 展示作品。

评 析
沙子是生活中比较常见的自然物,是极好的游戏活动素材,沙子与胶水的完美结合可以让幼儿随心所欲作画,创意无限,积极性极高。

江苏省无锡市善德幼儿园　费烨玲

102 石头奇遇记

活动名称：石头奇遇记

适宜年龄：★小班 ★中班

活动目的：

1. 学习在一定的范围内涂色，并为小石头涂上多彩的颜色。
2. 尝试拼合不同形状的小路，体验组合带来的新奇感。

材料准备：

小石头、彩笔。

游戏玩法：

1. 引导幼儿用不同颜色的彩笔在小石头上涂色。
2. 幼儿尝试用多彩的石头铺成自己喜欢的小路。
3. 幼儿探究如何用多彩的小石头铺成宽窄、弯曲度等不同的小路。

评析

石头是一种十分容易获取的教育资源，随处可得。教师以石头为活动材料，利用幼儿玩的天性，引发他们对石头的兴趣，引导幼儿为石头涂色，并设计自己喜欢的各种各样的石头小路，借此提高幼儿的审美能力。

江苏省淮安市合肥路幼儿园　朱海芹

103 蔬菜大变身

活动名称：蔬菜大变身

适宜年龄：⭐中班

活动目的：

1. 利用辅助材料大胆想象、操作，"打扮"出自己喜欢的蔬菜造型。
2. 体验打扮造型带来的美。

材料准备：

丰富的、形态各异的蔬菜，塑料刀，垫板，黏土，牙签，彩色纸，剪刀，毛巾等。

游戏玩法：

1. 任意挑选一种蔬菜，仔细观察其外形，选取不同材料进行装扮。期间用牙签时一定要注意安全，慢慢穿插，穿插中有的蔬菜会流水，请适时用毛巾擦拭，不要把蔬菜中流出的汁水弄到衣服上。

2. 幼儿作品展示。

评析

在日常生活中，蔬菜种类繁多、色彩丰富、形态各异，且便于收集、造型。本次活动让幼儿用各种材料尝试着按照自己的想象"打扮"蔬菜，进一步发现身边的美、感受美和创造美。通过活动，帮助幼儿了解一些自我探索的方法与技能，激发幼儿产生探索周围事物的愿望。

山东省聊城市莘县实验幼儿园　岳华

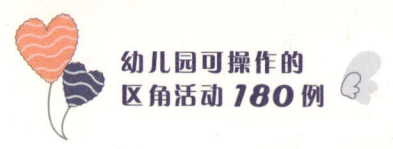

104 我的小手帕

活动名称： 我的小手帕

适宜年龄： ★大班

活动目的：

1. 尝试用自己喜欢的捆扎方法扎染手帕，感受扎染艺术的美。
2. 尝试用不同的折叠方法印染出各种各样的作品，感受印染艺术的美。
3. 养成细心、认真的操作习惯，体验成功的快乐。

材料准备：

白色手帕、已溶解的各种蓝色染料（瓶装）、围裙、手套、橡皮筋、托盘、旧报纸或吸水布、夹子。

游戏玩法：

方法一：

1. 将手帕浸湿并沥干水分。
2. 幼儿按自己的意愿随意用橡皮筋捆扎手帕。
3. 将染料滴洒在手帕上。
4. 展开手帕，放在旧报纸或吸水布上吸干多余水分。
5. 晾晒手帕。

方法二：

1. 将手帕浸湿并沥干水分。
2. 幼儿按自己的意愿折叠手帕。
3. 用夹子夹好并将染料滴洒在手帕上。
4. 展开手帕，放在旧报纸或吸水布上吸干多余水分。
5. 晾晒手帕。

评 析

扎染是中国一种古老的染色工艺，它依据一定的花纹图案，先将织物进行捆扎然后染色。《幼儿园教育指导纲要（试行）》（以下简称《纲要》）指出，幼儿园教育活动内容的选择既要贴近幼儿的生活来选择幼儿感兴趣的事物和问题，又要有助于拓展幼儿的经验和视野。扎染艺术品在生活中比较常见，是极好的主题活动素材，幼儿沉浸在创作的乐趣中，可以充分体验传统工艺的艺术魅力，提高自身的艺术审美素养。

江苏省无锡市新吴区新安街道新安中心幼儿园　谢晓燕

105　我会拼

活动名称： 我会拼

适宜年龄： ★小班 ★中班

活动目的：

1. 能够根据图片进行正确拼图。
2. 提高观察能力、分类能力和动手操作能力。
3. 感受游戏活动的快乐。

材料准备：

各种图片卡纸，各种颜色、大小不一的瓶盖。

游戏玩法：

游戏玩法：幼儿自由选择图片进行拼图。

评 析

幼儿经过观察后开始拼图，能够有效培养幼儿的观察力和耐心。

河南省驻马店市正阳县幼儿园　邹琦

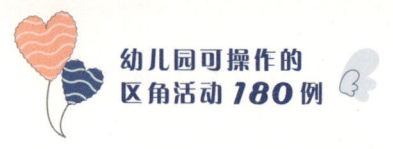

106 五彩缤纷的烟花

活动名称： 五彩缤纷的烟花

适宜年龄： ★中班

活动目的：

1. 感受不同材料和工具表现出的烟花的不同及美感特征。
2. 观察烟花的美感特点。
3. 有尝试表现不同色彩和形象的烟花的愿望。

材料准备：

牛奶、洗洁精、棉棒、各色颜料、托盘。

游戏玩法：

1. 先将牛奶倒入盘子，没过盘子即可，然后分别倒入各色颜料。
2. 棉棒上蘸上洗洁精，在颜料处进行烟花创意制作。

评析

平时教师可以通过画、粘、刮画等操作手段引导幼儿探索创意烟花的制作过程。本活动通过让幼儿将蘸有洗洁精的棉棒放入牛奶和颜料中创意烟花的新手段，提高了幼儿参与活动的兴趣，进一步激发了幼儿用多种材料展现烟花美的创作激情。

山东省烟台市莱州市金城镇公办中心幼儿园　赵晓

美工区

107 线描蜘蛛网

活动名称： 线描蜘蛛网

适宜年龄： ★中班

活动目的：

1. 尝试用短直线及射线表现蜘蛛网的结构和特点。
2. 尝试表现线条的疏密关系及方向，从而体验线描作画的乐趣。

材料准备：

1. 师幼共同收集蜘蛛网图片。
2. 幼儿收集蜘蛛图片并制作成指偶，人手一个。
3. 水彩笔及彩纸。

游戏玩法：

1. 幼儿观察图片中的蜘蛛网。
2. 幼儿自主探索，讨论蜘蛛网的画法。
3. 幼儿尝试通过线条的疏密排列来表现蜘蛛网，并把蜘蛛指偶放在上面。
4. 作品展示，幼儿相互欣赏同伴绘制的蜘蛛网。

评析

本次区域活动源于幼儿对蜘蛛网的兴趣，在画蜘蛛网时，中班幼儿能够利用短直线和射线表现出蜘蛛网线条的疏密关系以及方向。从幼儿画出的各不相同的蜘蛛网中能够看到他们不凡的创造力。

山东省聊城市莘县实验幼儿园　梁俊霞

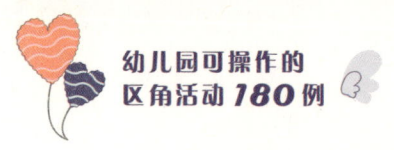

108 香香美食

活动名称： 香香美食

适宜年龄： ★大班

活动目的：

1. 锻炼幼儿的生活能力和动手能力，培养幼儿爱劳动的好习惯。
2. 体验劳动的快乐。

材料准备：

煎蛋器、鸡蛋、面粉、勺子、小盆、面板、水果、饺子馅、饺子面、擀面杖、食用油、寿司帘、拌好的米、海苔片等。

游戏玩法：

1. 幼儿进入区角，系好围裙，戴好帽子，把手洗干净，桌面擦干净开始活动。

2. 包饺子：幼儿拿出准备好的面和馅，一人擀皮，一人包饺子。

3. 煎饺子：幼儿在煎蛋器里倒入少许油，把包好的饺子放入煎蛋器里，直到饺子两面金黄，盛出饺子。

4. 鸡蛋饼：把面粉放进小盆中，打入两个鸡蛋，放少许水，拌成糊糊状，分次舀入煎蛋器中，开始煎鸡蛋饼。

5. 水果拼盘：幼儿拿出准备好的水果，按照自己的创意切水果、摆造型。

6. 制作寿司：幼儿将海苔片铺在案板上，把拌好的米饭均匀地抹在上面，再放入火腿、黄瓜。

7. 活动区结束后全班进行美食分享。

美工区

评析

幼儿爱模仿的天性让他们渴望着像大人一样能够制作美食，活动区给幼儿提供了充分发挥自己动手制作美食的机会，也让幼儿的生活技能得到了较大提高。但教师一定要教授幼儿用刀的规范动作，注意幼儿安全。

河南省濮阳市华龙区油田基地第七幼儿园　曹敏

109 小树叶真有趣

活动名称： 小树叶真有趣

适宜年龄： ★小班

活动目的：

1. 幼儿学习正确的涂色方法，并为树叶涂上颜色。
2. 能耐心、细心地坚持把树叶的细小部分涂完整，感受树叶的色彩美。

材料准备：

树叶、水粉、排笔、水、调色盘、小桶、报纸、松果。

游戏玩法：

1. 出示各种不同的树叶，引导幼儿观察并讨论。
2. 幼儿用彩色颜料将树叶涂上不同的颜色，变成彩色的叶子。
3. 将彩色树叶和松果用绳子串连在一起形成彩练。
4. 最后将一根根串好的彩练挂在窗子上，做成漂亮的窗帘。

评析

小班幼儿对色彩的感受力很强，他们能够正确辨别出很多颜色，同时涂色对发展小班幼儿的小肌肉群、各种动作的和谐发展都能够起到促进作用。

江苏省淮安市合肥路幼儿园　朱海芹

110 有趣的"泥泥狗"

活动名称：　有趣的"泥泥狗"

适宜年龄：　⭐中班

活动目的：

1. 欣赏民间工艺"泥泥狗"，了解其造型特点。
2. 用捏、压、揉等方式塑造出造型不同的泥块并进行装饰。
3. 在玩泥的过程中体验创造的乐趣。

材料准备：

紫砂泥、泥工板。

游戏玩法：

1. 随意选择一块紫砂泥，幼儿可以将泥块摔一摔、压一压、揉一揉，然后分成一大一小两块泥块。

2. 将大泥块揉一揉、扭一扭、捏一捏变出不同造型的泥块。

3. 根据泥块的造型，借形想出两种或两种以上的动物，并用小泥块及辅助材料添加出小动物的五官和身体上的花纹。

评析

泥人是无锡的特产之一，幼儿在以前的活动中初步了解了无锡泥人的制作过程及其特点。于是，教师可让幼儿在欣赏民间工艺"泥泥狗"及了解其造型特点的同时，让幼儿通过摔一摔、揉一揉、捏一捏变出不同形状的泥块。通过观察，借形想象，用各种辅助材料添加花纹、五官，变出属于幼儿自己的"泥泥狗"。幼儿们在活动中体验到了泥塑创作的乐趣。

江苏省无锡市新安中心幼儿园　黄佳佳

111 有趣的编织

活动名称：　有趣的编织

适宜年龄：　⭐中班 ⭐大班

活动目的：

1. 幼儿通过自己动手编织作品，锻炼小手的灵活性，提高动手能力。
2. 在制作活动中不怕困难，相互帮助，自主探索、创造，体验成功的快乐。

材料准备：

各种鞋带、网框、布条、彩纸条、胶棒、黏土、各种图案模板等。

游戏玩法：

1. 幼儿插好进区卡，有序进入区角，选择自己喜欢的操作材料和相对应的道具，进行手工活动。
2. 可以小组合作进行编织、装饰不同形状的图案。

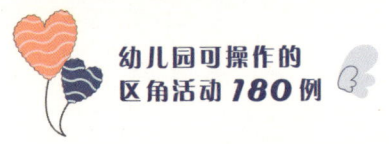

评 析

由于幼儿的动手能力不同，教师需要及时更换操作材料，循序渐进地加大游戏难度，也可以结合生活，如系扣子、拉拉锁、系鞋带、装饰作品等，锻炼幼儿的动手能力，提高幼儿的独立性，并且在编织和装饰的过程中，让幼儿体验通过自己努力取得成功的快乐，从而建立自信。

黑龙江省虎林市八五六农场幼儿园　丁相娜

112 有趣的沙画

活动名称：　有趣的沙画

适宜年龄：　★大班

活动目的：

1. 尝试新颖的作画形式。
2. 体验沙画创作的神奇与乐趣。

材料准备：

彩沙、白乳胶、勾线笔。

游戏玩法：

1. 幼儿用勾线笔在彩纸、纸盘或纸袋等材料上绘画。
2. 用白乳胶沿着勾线笔的轮廓进行二次绘画。
3. 将量杯里的彩沙撒到绘画材料上。
4. 等待1分钟后将多余的彩沙倒回杯子里，一幅漂亮的沙画就完成了。

 美工区

评析

大班幼儿手部肌肉的灵活性、准确性日渐提高，如果一成不变地使用同一种工具、同一种方法，将不利于促进这一年龄段幼儿手部肌肉的正常发育，也不利于培养他们的艺术表现力。用生活中的美吸引幼儿的眼球，让幼儿对神奇的沙充满向往，迎合了幼儿爱玩沙的心理。教师可利用彩沙的特性与艺术活动相结合，为幼儿创设大胆表现、自由创造、充分尝试的机会，从而提高幼儿的艺术表现能力。

山东省济南市二机床集团有限公司幼儿园　丁莹

113 纸筒大变身

活动名称：　纸筒大变身

适宜年龄：　⭐大班

活动目的：

1. 激发幼儿的想象力和创造力，能在纸筒上进行创作。
2. 增强幼儿的环保意识，培养幼儿的动手操作能力。
3. 引导幼儿用语言对自己或同伴的作品做出评价。

材料准备：

区域提示牌、纸筒、排笔、水粉颜料、各种手工材料。

游戏玩法：

1. 幼儿进入区域，观察区域提示牌，了解创作主题和操作要求。
2. 根据提示牌上的要求，幼儿选择操作材料，自由创作，给纸筒穿新衣。
3. 利用各种手工材料对纸筒进行装饰，制作出各种造型。

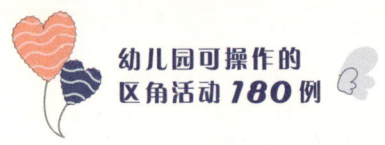

> **评 析**
> 　　幼儿根据主题构思内容,在感受和运用各种颜色、图案、造型的过程中,他们的想象力与创造力得到了激发。活动中,能力强的幼儿可以自由选择题材,利用各种辅材,在绘画、粘贴、塑造中,幼儿感受美、表现美、创造美的能力得到了大幅度提升。

江苏省淮安市洪泽湖幼儿园　胡文萃

114 制作花瓶

活动名称： 制作花瓶

适宜年龄： ★大班

活动目的：

　　1.通过捏、搓、粘等方法,用泥巴制作花瓶。

　　2.运用多种乡土材料和表现手法装饰花瓶。

　　3.通过粘、涂画等立体、平面方法,激发幼儿的想象力、创造力,提高他们的审美能力。

材料准备：

　　各种花瓶及图片、泥巴、彩管、丝绵、彩纸、彩泥、丙烯颜料等。

游戏玩法：

　　1.幼儿自由欣赏各种花瓶,交流讨论自己的喜好。

　　2.教师鼓励幼儿利用捏、搓、粘等方式自由制作花瓶,可尝试制作大花瓶、高花瓶。

　　3.花瓶晾干后,幼儿可根据自己的意愿进行彩绘,或者选择多种材料进行立体装饰,最后展示交流幼儿的作品。

评析

幼儿玩起泥巴来是乐此不疲,这项活动一直深受幼儿喜爱。教师可在幼儿已有经验的基础上,让幼儿挑战用泥巴制作花瓶,幼儿在探索尝试的过程中创造能力和探究意识得到了激发,他们能够利用多种表现手法装饰自己制作出的花瓶,这项活动激发了幼儿的艺术表现能力和审美能力。

山东省日照市东港区陈疃镇中心幼儿园　董美萍

115 制作玉米

活动名称:　制作玉米

适宜年龄:　★中班★大班

活动目的:

1. 尝试用皱纹纸团成团制作玉米粒。
2. 通过手撕玉米皮制作玉米须,体验手工制作的乐趣。

材料准备:

1. 剪好的玉米形状的卡纸。
2. 金黄色和土黄色的皱纹纸和玉米皮若干,双面胶 2 卷,浆糊 2 瓶。
3. 折好的玉米叶子,高粱秆。

游戏玩法:

1. 幼儿仔细观察玉米图片,讨论玉米的基本结构以及玉米粒的排列。
2. 幼儿自主探索并尝试怎样用皱纹纸团成玉米粒,然后有顺序地粘在剪好的玉米上。
3. 幼儿尝试手撕玉米皮制作玉米须,或幼儿合作制作玉米须,并将玉米须和折好的叶子粘在玉米上。
4. 展示作品,幼儿自由欣赏。

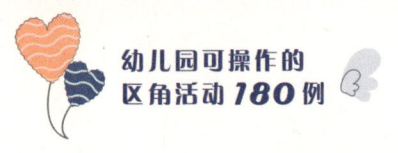

> **评析**
> 　　玉米在幼儿的日常生活中较为常见，基于幼儿的兴趣，教师可利用卡纸、皱纹纸、玉米皮制作玉米，让幼儿通过皱纹纸团成玉米粒粘在用卡纸做成的玉米上，以此锻炼他们小肌肉群的发展，培养幼儿手工制作的兴趣。

山东省聊城市莘县实验幼儿园　梁俊霞

116 自制图画书

活动名称：　自制图画书
适宜年龄：　★中班 ★大班

活动目的：

　　1.对制作图画书感兴趣，愿意自己动手制作并能在制作的过程中体验到乐趣。

　　2.幼儿能仔细观察画面，理解故事内容，用绘画的方式把故事内容表现出来。

材料准备：

　　图书、绘本、纸、画笔等。

游戏玩法：

　　1.幼儿挑选喜欢的书，开始自己的创作，按照图书内容一页页绘画，也可以自己创作故事情节进行绘画。

　　2.幼儿把自制的图书内容讲给别的幼儿听。

> **评析**
> 　　自制图书活动本着在"做中学、做中玩"的理念，以阅读为基础，以绘画为主导，有机地将阅读和绘画结合起来，激发了幼儿阅读和绘画的兴趣，加深了幼儿对阅读内容的理解，同时也锻炼了幼儿的小肌肉。幼儿能自信地和同伴分享交流图书的内容，丰富多样的图书画面提升了幼儿的审美意识，幼儿在整个活动中享受了成功和快乐。

山西省临汾市山西师范大学幼儿园　张岩宇

建构区

117 彩笔搭建

活动名称：彩笔搭建

适宜年龄：★小班 ★中班

活动目的：

1. 发展幼儿的手眼协调能力。
2. 提高幼儿的审美能力和创造能力。
3. 使幼儿手指动作更加灵活，手的控制能力更加娴熟。

材料准备：

废旧彩笔若干、小筐、地垫。

游戏玩法：

1. 幼儿按照序列，从底层开始以正方形为基础一层层顺序搭建水彩笔，可以由一层4根水彩笔扩展为6根、9根水彩笔。

2. 幼儿进行建构的扩展，进行五边形和六边形的层层构建，然后尝试进行更多形状的构建。

3. 幼儿尝试构建底层比较宽、顶层逐步缩减的立体三角形，同时也可以尝试进行颜色的搭配。

评析

此游戏有效利用了废旧水彩笔让幼儿进行搭建活动，一方面变废为宝，加强了幼儿的废旧再利用意识；另一方面此游戏发展了幼儿的手眼协调能力，促进幼儿的手指动作更加精细化。除此之外，教师还可以在游戏过程中引导幼儿观察物和量之间的微妙关系。

山东省莱阳市实验幼儿园　李向荣

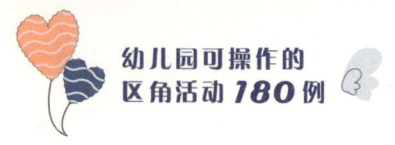

118 餐厅

活动名称： 餐厅

适宜年龄： ⭐大班

活动目的：

1. 能根据餐厅的主题，选择适宜的各种形状、材质的积木进行建构。

2. 能围绕餐厅主题，熟练地使用对称、围合、盖顶、架空、接插、排列组合等建构技能表现出餐厅的主要特征。

3. 在搭建过程中，能与同伴友好沟通，学习协商解决遇到的问题。

材料准备：

各种形状、大小、材质不同的积木。

游戏玩法：

1. 幼儿自由组队，推选自己组的组长，协商好主题，根据主题进行人员分工。

2. 根据自己队伍的主题选择材料，围绕主题进行建构。

评析

进入大班的幼儿，具有了一定的建构技能，通过设置主题，可以让幼儿综合运用这些技能。在围绕主题建构的过程中，幼儿可以发表自己的见解，提出建议，这既能提高幼儿的想象力，又能让幼儿自发拓展社会性交往。

四川省成都市成都高新区和美实验幼儿园　刘冬梅

119 创意车展

活动名称：　创意车展

适宜年龄：　⭐中班 ⭐大班

活动目的：

1. 体验与同伴创作搭建汽车的乐趣和成就感。

2. 能够运用不同拼搭材料，大胆设计、创作心目中的汽车。

3. 与同伴友好分工合作，懂得欣赏和评价作品。

材料准备：

各类拼插玩具若干、各类汽车模型和展示用图片若干。

游戏玩法：

1. 欣赏各种名车、概念车的图片和模型，了解他们的设计和特征。

2. 幼儿两两自由组合，选择需要的材料，分工合作，进行大胆设计和创作创意汽车。

3. 分享展示作品，幼儿相互交流、学习和评价。

评析

建构区可以让幼儿自由动手操作，幼儿在活动中可以集聚同伴们的智慧，分工合作创作搭建出大型创意汽车。这项活动不仅锻炼了幼儿的动手能力，而且发展了幼儿的想象力和协作能力。活动结束后，教师可以将作品投放表演区进行车模展示。

重庆市新桥医院幼儿园　胡春艳

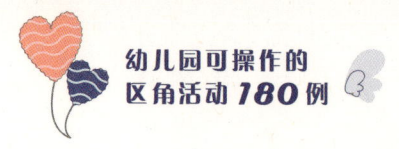

120 搭高楼

活动名称： 搭高楼

适宜年龄： ⭐中班

活动目的：

1. 能围绕"搭高楼"的主题熟练使用各种材质及重量不同的积木进行堆高、叠高活动，并在搭建过程中保持建筑物的平衡。

2. 能围绕高楼主题进行合作性建构，培养幼儿的协调能力及合作能力。

3. 在搭建过程中，学会保护自己和他人的作品。

4. 大胆、清楚地介绍自己作品的搭建方法及过程，能够欣赏和评价自己和同伴的作品，进一步提升搭高楼的技能。

材料准备：

各种形状、大小、材质不同的积木。

游戏玩法：

幼儿自由组队，推选自己组的组长，协商好主题，根据主题进行人员分工。

第一阶段：幼儿自由搭建，自行感知哪种材料能把高楼搭起来，可以初步完成搭高楼的目标。

第二阶段：探索高楼的高度超过自己身高时，可以怎么办。

第三阶段：寻找最适合当梯子的材料，尝试用现有材料搭建出最稳固的梯子。

第四阶段：利用梯子来辅助搭高楼，期间注意同伴间的配合。

第五阶段：进一步探索如何更好地协调队伍里成员之间的分工合作，减少来回奔跑的时间。

第六阶段：怎样在各方面条件都具备的情况下让自己搭的高楼更高，成为整个建构室里最高的建筑。

评析

小班年龄段幼儿的建筑常常是各自为政，随意性很强，没有多少目标性。到了中班，幼儿的社会性有了一定的发展，也乐于和同伴产生互动，建构能力有了一定程度的提高。本活动除了考验幼儿的建构技能，更培养了幼儿协商合作的意识，让幼儿在活动中学会欣赏他人作品。

四川省成都市成都高新区和美实验幼儿园　刘冬梅

121 搭建飞机场

活动名称：　搭建飞机场

适宜年龄：　★大班

活动目的：

通过探索搭建候机厅的房顶，培养幼儿的合作意识。

材料准备：

纸砖若干。

游戏玩法：

1. 幼儿合作搭建飞机场。

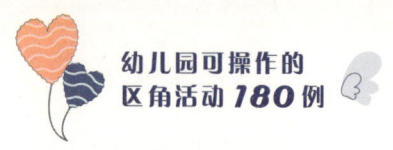

2.幼儿搭建候机厅，此环节教师可以适当介入，或选出小组长，让能力强的幼儿带动能力弱的幼儿。

评析

教师在幼儿游戏中的作用就在于能够用教育的眼光来观察孩子的游戏行为，在最适宜的时候推进幼儿的发展，只有教师全面细致地观察幼儿的行为，给予正确、深入的分析才能做出适宜的指导，有效推动幼儿各方面能力的发展。因此，教师的及时介入，如在开始前对幼儿进行经验的渗透，或选出小组长，以强带弱，就可以让幼儿都能够利用有效的空间和材料搭建出不一般的作品。

山东省滨州市滨城区教育实验幼儿园　张平叶

122 叠叠乐

活动名称：　叠叠乐
适宜年龄：　★中班
活动目的：

1.锻炼手部肌肉的灵活性。

2.发展手眼协调能力，培养平衡感。

3.提高耐心、专注力、意志力及创造力。

4.增进与同伴协作的能力。

材料准备：

叠叠乐玩具两套、色子1~2个。

游戏玩法：

1. 利用叠叠乐，以两横两竖排列的形式向上垒高，建造高楼，也可进行三角塔等造型的建造。

2. 利用叠叠乐木块垒高、搭好任意造型，幼儿每人掷一个色子，根据色子的数量在底部随机抽取一个木块，依次循环，最先倒塌者输。

评 析

活动以叠叠乐木块为主要操作材料，幼儿将叠叠乐木块垒高、拼摆、抽出，难度逐渐增加，在这一过程中不断引发新的认知，拓展观察视角，让幼儿在不断尝试中突破自己，获得成就感。

山东省泰安市宁阳县第二实验幼儿园　张现睿

123 管子站起来了

活动名称：　管子站起来了

适宜年龄：　★中班

活动目的：

借助工具使管子立起来。

材料准备：

塑料管、三通和连接头。

游戏玩法：

1. 能力弱的幼儿可进行水管拼插。
2. 能力较强的幼儿可通过运用三通和连接头，探索如何将管子立起来。

评 析

游戏材料是幼儿游戏的物质基础，是幼儿游戏的工具，幼儿是通过使用游戏材料进行摸索、学习的。教育家乌申斯基曾说过："最好的玩具是那些他们能够随意地用以变更的玩具。"可见，游戏材料的选择和运用在游戏中特别重要。

山东省滨州市滨城区教育实验幼儿园　张平叶

124　家乡的桥

活动名称： 家乡的桥

适宜年龄： ★大班

活动目的：

1. 能够搭建立体的家乡的桥。
2. 运用多种材料创意表现桥和路的特征。
3. 培养空间感，激发想象力、创造力，提高立体思维能力。

材料准备：

家乡的桥图片、积木、纸杯、纸盒及自制物品等。

建构区

游戏玩法：

1. 幼儿自由分享看过的桥的样子，交流讨论要搭建的桥。
2. 幼儿自由搭建，分工合作，大胆想象，根据需要搭建出自己想要的桥。
3. 幼儿介绍自己设计搭建的桥，互相展示交流作品，邀请伙伴一起游戏。

评析

搭建立体桥对幼儿来说有一定的挑战，幼儿通过观察、了解、回忆桥的构造，需要在反复操作和探究中不断摸索搭建的方法。活动中，幼儿不仅可以搭建立体桥，还可以搭建路灯和河流，对称、平衡概念在搭建的过程中自然被幼儿认知。幼儿通过参与本次活动各项能力都得到了锻炼。

山东省日照市东港区陈疃镇中心幼儿园　董美萍

125　看谁垒得高

活动名称：　看谁垒得高

适宜年龄：　★中班

活动目的：

1. 感知湿沙的特性，对玩沙感兴趣。
2. 愿意探究、尝试将沙子垒得更高。

材料准备：

湿沙、小容器。

游戏玩法：

1. 幼儿自由探索将沙垒起来的方法。
2. 教师提示幼儿如何将沙垒得更高，并且不会塌。
3. 让幼儿自己去寻找工具和辅助物完成任务。

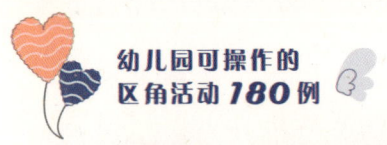

评 析

沙子是非常本土的游戏材料,沙的流动性、可塑性蕴藏着千变万化的乐趣,深受幼儿的喜爱。将沙与水巧妙溶合,寻找最佳沙水混合比例,从而让沙子垒得更高的方法,让幼儿玩得不亦乐乎,幼儿在探索中渐渐获得了知识和技能。

江苏省无锡市善德幼儿园　费烨玲

126 快乐滑滑梯

活动名称： 快乐滑滑梯

适宜年龄： ★大班

活动目的：

1. 通过动手操作,发现事物之间的关系。

2. 通过游戏获得感官上的满足,促进手眼协调。

3. 结合已有的经验,通过自由操作、摆弄、摸索、尝试,发展创造能力。

材料准备：

皮筋、板子、任务卡、贴花、鼓励牌。

游戏玩法：

1. 进入区角选择材料,根据提示,回顾滑梯外形和玩法,认识每个积木的作用,了解游戏要求。

2. 选择积木,架高并搭建一个斜面。

3. 知道圆球要从小孔通过,必须留两个门让圆球通

建构区

过；尝试搭起立方体孔弯，让斜面上滚下来的小球能够转弯。

4. 用长方体直孔和立方体孔弯建立一个通向地面的轨道，承接从上面滚下来的小球。

5. 选择较重的积木做挡板，防止小球脱轨。

评析

皮亚杰指出"儿童应通过动作进行学习"，当幼儿想探知"如何控制小球滚动的方向""怎样组合积木才不会被小球撞翻"时，教师不要急着给出提示，应为幼儿提供充分的机会、工具、用品、材料，让幼儿在直接操作和亲身体验中，感知事物特征、积累经验，发展兴趣，培养求知欲。

江苏省淮安市洪泽湖幼儿园　胡文萃

127 快乐庄园

活动名称：　快乐庄园

适宜年龄：　★中班 ★大班

活动目的：

1. 运用学过的堆积、加高、连接等技能搭建房子、马路、汽车、围墙等。

2. 鼓励幼儿大胆建构，布置场景，激发幼儿的创造性。

3. 能与同伴共同协商，体验合作乐趣。

材料准备：

塑料积塑玩具，自制墙砖，纸盒、雪花插片，木质积木，易拉罐，皱纹纸，等等。

游戏玩法：

1. 在建构区里幼儿自主选择材料进行主题创造，搭建游戏。

2. 会利用各种材料搭建出房子、马路、汽车、围墙等，建构快乐庄园。

评析

幼儿非常喜欢建构区游戏活动，平时就喜欢用各种材料进行搭建、插摆一些物体。搭建庄园比较考验幼儿的综合技巧，幼儿在活动中不仅能提高自身解决问题的能力，还能增强自信心，体验成功的喜悦。

河南省濮阳市华龙区油田基地第七幼儿园　曹敏

128 水上乐园

活动名称：　水上乐园

适宜年龄：　★中班 ★大班

活动目的：

1. 观察图片，了解水上乐园的结构和整体布局。
2. 学习搭建游乐设施的不同方法，尝试合作搭建。

材料准备：

1. 水上乐园总体图、各种游乐设施图片。
2. 各种形状木制积木、长方形板、三角形板、拼插玩具若干。

游戏玩法：

1. 幼儿回忆水上乐园里有什么娱乐设施。
2. 幼儿学习搭建游乐园，教师分组进行指导。
3. 幼儿互相介绍自己搭建的作品。

评析

活动开始时教师结合游乐场的各种图片，引导幼儿认识水上乐园的各项游乐设施，同时规划布局好搭建的位置。加上幼儿本身有去游乐园的经验，可以比较有目的、有序地进行搭建，教师需要多准备一些游戏材料，让幼儿在搭建的过程中自主发现、自主创造。

山东省聊城市莘县实验幼儿园　岳华

129 停车场

活动名称：　停车场

适宜年龄：　★中班

活动目的：

　　1.能运用围合、连接等技能搭建停车场。

　　2.能与同伴共同协商，体验合作的乐趣。

材料准备：

　　1.经验准备：欣赏停车场的图片。

　　2.物质准备：积木、各种废旧纸盒、露露瓶等。

游戏玩法：

　　1.创设搭建停车场的游戏情境，激发幼儿的兴趣。

　　2.幼儿欣赏各种停车场图片，尝试自主搭建停车场。

　　3.幼儿尝试搭建双层停车场。

评析

　　通过本次活动，幼儿不仅学会了围合、连接等建构技能，还学会了有问题大胆提出，大家共同讨论寻找答案。活动中教师要充分给予幼儿自主搭建的空间，让幼儿自己搭建心目中的停车场，只有这样才能看到不一样的作品。

山东省聊城市莘县实验幼儿园　梁俊霞

130 娃娃家

活动名称：娃娃家

适宜年龄：⭐大班

活动目的：

1. 发展幼儿计划和自主构建能力。
2. 提高幼儿合作能力。
3. 提高幼儿审美意识。

材料准备：

各种纸盒、纸质栅栏、娃娃家小物件。

游戏玩法：

1. 整体轮廓的构建，请幼儿合作自主建构各种栅栏和围栏，创设娃娃家外围轮廓。
2. 幼儿自主合作，根据各个部分的需要进行物品的摆放和设置。
3. 幼儿根据游戏情节需要调整和建构娃娃家，如请好朋友来做客、组织生日聚会等。

评析

此游戏有效利用废旧纸盒作为游戏材料，可以移动的娃娃家材料能够满足幼儿合作自主构建的需求。幼儿在自行创设的娃娃家区域内进行与主题和生活相关的活动，能够更好地促进幼儿的主动性和自主性的发展。

山东省莱阳市实验幼儿园　李向荣

建构区

131 我的小机器人

活动名称：我的小机器人

适宜年龄：⭐大班

活动目的：

1. 积极探索机器人外形特征及构造，结合生活经验进行搭建。
2. 通过活动，培养幼儿勇于创新的精神，体验成功的快乐。

材料准备：

纸箱若干、废旧瓶子等。

游戏玩法：

1. 幼儿自由选择材料搭建机器人。
2. 2~3名幼儿合作搭建机器人。

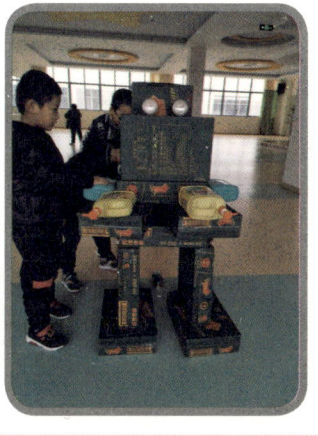

评析

　　教师可鼓励幼儿根据日常生活经验，仔细观察、研究纸箱的外形特征及辅助品的装饰效果，结合对机器人外形特征的了解，大胆创作，自主拼搭，引导幼儿在搭建、改造的过程中进行对比，最终成功搭建出幼儿想象中的机器人。

江苏省南通市通州区艺术幼儿园　廖良琼

132 我家的房子

活动名称：我家的房子

适宜年龄：⭐中班

活动目的：

1. 知道房子的结构。
2. 能用平铺、垒高、延长等技能搭建自己家的房子。
3. 用辅助材料装饰房子，体验成功的喜悦。

材料准备：

积木、奶粉罐、人形、汽车、树木等辅助材料。

游戏玩法：

1. 讨论自己家的房子的组成部分（门、墙、地板）。
2. 用平铺、垒高、延长等技能搭建房子，并能介绍房子的各个部分。
3. 注意到自己家周围的环境，能够用人形、汽车、树木等辅助材料放在房屋周围装饰已经搭建好的房子。

评析

幼儿熟悉自家的房子，通过创设搭建"我家的房子"情境，能激发幼儿动手操作的积极性。在搭建的过程中，幼儿通过想象，运用平铺、垒高、延长等技能建构门、地板、墙，组合出完整的房子，这既提高了幼儿的建构技能又发展了他们的观察力。

江苏省淮安市合肥路幼儿园　陈洁

建构区

133 我们喜欢的动物园

活动名称： 我们喜欢的动物园

适宜年龄： ⭐中班

活动目的：

1. 能迁移对动物园的感知，大胆尝试用平铺、延长、围合、垒高等建构技能搭建自己喜欢的动物园。

2. 在建构游戏中能与同伴进行简单的交流，表达自己的想法；能围绕主题进行搭建；能克服困难，坚持搭建出较为完整的建构作品。

3. 对建构游戏感兴趣，能按自己的意愿大胆进行建构，在建构过程中能保持愉快的情绪。

材料准备：

经验准备：幼儿去过动物园，已有初步的生活经验。

物质准备：各种不同大小、形状、颜色的积木以及各种辅助材料。

游戏玩法：

1. 用积木，通过平铺、延长的方法搭建动物园里长长的路。

2. 用长短不同的积木，通过围合、垒高等建构方法搭建动物家里各不相同的窗子。

3. 引导幼儿深入思考：不同的动物需要住什么样的家；怎样合理搭建动物的家。

4. 幼儿大胆尝试用不同的建构材料搭出不同造型的动物的家，组合成动物园。

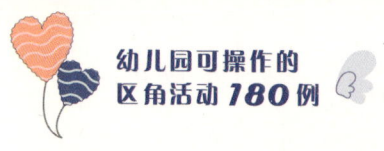

> **评析**
> 在建构区投放较多建构材料和辅助材料以及各种各样的小动物玩具，幼儿在自由搭建活动中，可以从兴趣和经验出发，自由搭建、组合，提升自身的建构技能。

江苏省淮安市合肥路幼儿园　陈岸月

134 小小游乐园

活动名称：　小小游乐园

适宜年龄：　★中班

活动目的：

1. 引导幼儿尝试用围合、垒高和连接等技能搭建各种游乐设施。
2. 鼓励幼儿大胆创新，并能与同伴合作游戏。
3. 感受合作游戏的快乐。

材料准备：

各种大小、形状不同的积木，辅助材料（小树、动物、小人等）。

游戏玩法：

利用各种积木搭建游乐园，要求在活动中能体现出垒高、围合、连接等技能。

建构区

评 析

幼儿对游乐场很熟悉，且已有一定的经验，在此基础上进行搭建，对幼儿来说积极性更高。活动中，幼儿利用垒高、连接的方式搭建楼房、滑梯、动物园、跑道等，不但提高了自身的建构技能，还能从中感受到与同伴共同游戏的快乐。

江苏省南通市通州区艺术幼儿园　廖良琼

135 阳光城堡

活动名称：　阳光城堡

适宜年龄：　★中班

活动目的：

1. 能有意识地选择材料，进行综合运用。

2. 能根据意愿或命题，尝试用平铺、搭建、围合等方法进行有目的的建构。

3. 学会尊重同伴的观点和经验，培养初步的合作意识。

材料准备：

1. 材料准备：木质积木、纸砖、纸杯、海绵积木、奶粉罐、易拉罐。

2. 经验准备：幼儿会搭建简单物体，熟悉各种材料的玩法。

游戏玩法：

1. 请幼儿自由选择材料进行搭建。

2. 幼儿能够在搭建的过程中相互合作。

3. 活动结束时，整理好材料。

评析

建构区是幼儿主动、自由地利用各种不同的建构材料塑造物体形象、反映周围生活的一项活动。在建构区游戏中,幼儿根据自己的兴趣玩积木、玩插塑玩具,进行各种操作练习。他们运用拼插、垒高、砌接等方法搭建物体,不仅能丰富感知和亲身体验,还能发展空间想象力、创造力、动手能力和建构技能。幼儿在轻松自然、平等友好的游戏氛围中,学会与他人一起分工协作完成任务,这促进了幼儿社会性的发展,培养了幼儿与他人合作、不怕困难、解决问题的能力。

山东省邹平市青阳镇中心幼儿园　董婷

136 长颈鹿脖子长又长

活动名称: 长颈鹿脖子长又长

适宜年龄: ★小班

活动目的:

1. 通过垒高物体,锻炼幼儿手眼一致的协调性。
2. 喜欢参与垒高活动,体验成功的乐趣。

材料准备:

1. 分别贴有长颈鹿头像和脚图片的卷纸芯筒。
2. 卷纸芯筒。

游戏玩法:

1. 幼儿用卷纸芯筒在贴有长颈鹿脚的卷纸芯筒上进行垒高,垒到一定高度后在顶端放置贴有长颈鹿头像的卷纸芯筒,使之变成一个完整的、脖子长长的长颈鹿。

2. 两名或多名幼儿合作垒高,共同完成一个长脖子的长颈鹿。

3. 两名或多名幼儿比赛,看谁垒的长颈鹿最高。

评 析

垒高活动非常适合小班幼儿，并且在实践中也确实深受小班幼儿喜爱。垒高的过程中，幼儿的视觉、触觉、想象力和创造力得到了发展。幼儿在与材料互动的过程中其小手的灵活性也得到良好的锻炼。

重庆市新桥医院幼儿园　周丹

137 帐篷总动员

活动名称：　帐篷总动员

适宜年龄：　⭐大班

活动目的：

1. 能使用PVC管、布等操作材料，与同伴协商，一起制定计划书，创意搭建帐篷。

2. 在活动中讨论分工、学会合作，进一步感受创造和集体拼搭的乐趣。

材料准备：

长短不一的PVC管道、各种接口、布块若干。

游戏玩法：

1. 幼儿进入区角，一起商量制定建构计划书，与同伴自由分工搭建。

2. 组长安排组员搬运材料、寻找场地、合理规划搭建距离，边交流边与同伴一起做好材料准备。

3. 幼儿合作拼搭，互相帮助，共同完成搭建支架和铺上布的任务。

4. 幼儿邀请好朋友到帐篷中做客、休息。

评析

说起搭帐篷，幼儿往往对其有着浓厚的热情。结合安全、环保、废旧利用等出发点，运用PVC管来让幼儿创意搭建，能使他们初步学会有目的建构及友好地分工、协作，在合作中学会与人分享，大胆讲述自己的想法，感受集体搭建的力量和游戏的乐趣。

江苏省无锡市杨市中心幼儿园　赵陈波

138 纸盒城堡

活动名称：　纸盒城堡

适宜年龄：　★中班

活动目的：

1. 乐于和同伴合作，体验合作的快乐。
2. 尝试用废旧纸盒搭建城堡，提高动手能力和语言表达能力。

材料准备：

正方体美工材料、废旧包装盒、动物玩偶道具。

游戏玩法：

1. 幼儿自主进入活动区，自由选择材料。3人或5人一组，共同商讨搭建的主题。
2. 合作搭建纸盒城堡。
3. 小组代表介绍自己的作品。

评析

在建构区投放大量低结构材料，幼儿不但可用纸盒搭建城堡，自由创意、大胆表现，而且还可以利用辅助材料在建构好的城堡中添加小动物，给小动物建构美丽家园。幼儿在活动中既有友爱行为，又体现出了关爱和保护小动物的意识，增进了同伴之间合作的快乐。

河北省保定市高碑店市第二幼儿园　刘静

139 纸牌王国

活动名称： 纸牌王国

适宜年龄： ⭐大班

活动目的：

1. 能与同伴共同讨论、分享纸牌建构游戏的创意，并用画图的形式将结果记录下来。

2. 能按照设计图的提示进行"纸牌王国"的建构，学会分工合作完成作品。

3. 锻炼幼儿在游戏中的持久能力和善于解决问题的能力。

材料准备：

记录纸、水彩笔、各式不同的纸牌等。

游戏玩法：

1. 幼儿进入建构区，集体讨论"纸牌王国"设计图，并将大家的创意画下来。

2. 张贴设计图，共同分配建构区域的任务，商量如何分配纸牌。

3. 按照设计图分工合作，进行建构游戏，在合作过程中能够及时进行交流和细节调整。

4. 完成建构，邀请其他区域的小伙伴参观成果。

评析

利用低结构材料进行的建构游戏深受幼儿喜爱，在不断地探索与尝试中，幼儿积累了很多纸牌建构经验，同时也增强了动手操作能力和游戏过程中的持久力。

江苏省无锡市杨市中心幼儿园　杨荷芳

角色区

140 "筐筐"宝贝秀

活动名称： "筐筐"宝贝秀

适宜年龄： ★大班

活动目的：

1. 用自己喜爱的废旧塑料筐制作的服饰道具装扮自己。
2. 协商创设游戏情境及情节，大胆进行表演。
3. 激发幼儿对表演游戏的兴趣，体验创作表演的乐趣。

材料准备：

1. 塑料筐制作的帽子、面具、背包等游戏材料若干。
2. "梦想舞台"的舞台背景。

游戏玩法：

1. 幼儿选择游戏道具，装扮自己。
2. 协商游戏表演内容、情境及情节，开展游戏。

评 析

各种新颖有趣的服饰道具提高了幼儿参与游戏的积极性，他们能够一起协商游戏内容、设想情境，愉快地进行表演。"筐筐"宝贝秀在满足幼儿表演愿望的同时，也提高了他们自我创作、表演的能力。

山东省济南市二机床集团有限公司幼儿园　张蒨

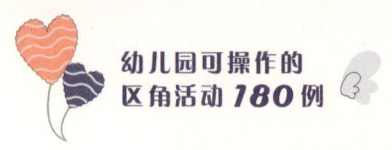

141 24小时小医院

活动名称： 24小时小医院

适宜年龄： ★中班

活动目的：

1. 了解医院工作人员组成及其职责；尝试扮演角色不同的医院工作人员；知道医院是救死扶伤的地方；知道生病时要及时就医。

2. 了解看病的基本程序：挂号—看病—取药/住院。

3. 学习用协商、轮流等交往策略分配角色；能共同解决游戏中出现的问题，不断发展游戏情节。

材料准备：

医院设立挂号收费区、门诊区、病房区、药房区。病房内投放病历卡，门诊区、病房区统一配备听诊器、针筒、药品、药瓶等。医生和护士穿白大褂、戴口罩。

游戏玩法：

1. 幼儿进入区角，自由分配角色。

2. 挂号区的护士负责给病人挂号，分配病人到门诊区相应的医生处就医。

3. 门诊区的医生负责给病人看病：询问病人病情，望闻问切，决定病人取药或住院。

4. 收费区的护士负责收费并给病人拿药。

5. 住院区的护士负责给病人打针。护士先要给病人量体温，后要用针筒打针并填写病历卡。

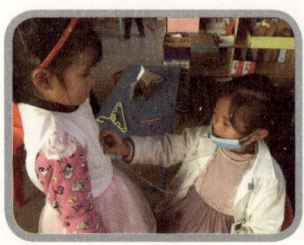

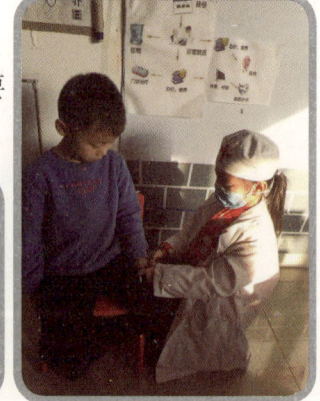

角色区

> **评析**
>
> 幼儿很害怕吃药、打针，通过自己的亲身体验，可以缓解幼儿排斥和恐惧去医院看病的心理。通过角色扮演，也能够让幼儿了解医护人员的工作很辛苦，需要轮班，医院是真正的24小时不打烊，是专门救死扶伤的场所。另外，通过角色扮演，幼儿之间的沟通更顺畅了，他们的语言表达能力、协作能力得到了不同程度的提高。

山东省潍坊市昌乐县贵和幼儿园　陈淑兰

142 不怕医院

活动名称：不怕医院

适宜年龄：★中班

活动目的：

1. 消除对医生的恐惧心理。
2. 明白有病就要医治的道理。

材料准备：

挂号处、取药处和点滴处标牌，点滴休息床，电脑，放药的架子，各种点滴用品（针管、棉签、药瓶、胶贴）。

游戏玩法：

1. 幼儿自由选择医生、护士、病人角色，并穿上对应的衣服。
2. 病人挂号，告诉医生病情；医生解答病因，并进行检查、开药。
3. 病人付钱，取药。

> **评析**
>
> 一提到医生，很多幼儿都害怕，更不敢去医院。幼儿设计的"小医院"，模仿真实场景，让幼儿扮演医生、护士、病人，这不但能让幼儿了解医生或护士的工作性质，从而消除对医院的恐惧心理，而且能让幼儿懂得生病了就得医治的道理。

黑龙江省虎林市八五六农场幼儿园　何峰莉

143 彩虹美食车

活动名称：彩虹美食车

适宜年龄：★中班 ★大班

活动目的：

1. 锻炼小手的灵活性。
2. 学习与他人沟通。
3. 体会简单的经营之道。

材料准备：

肉串、丸子、冷面、收银台等。

游戏玩法：

1. 幼儿进入区角，自由分配角色，厨师戴上厨师帽、穿上围裙，站在美食车旁点火、扇风、准备烤串。

2. 面点师傅揉面、蒸包子、包饺子、做面条。顾客坐在餐桌前，点餐、用餐，也可自己制作食物：用黄色彩泥搓成圆形，串成一串就成了鸡肉串；用签子将紫色彩泥搓成的圆形串成一串，紫薯串就完成了；用彩泥搓成细长条，可以制成彩色面条；用彩泥捏成饺子形状，色彩缤纷的饺子就做成了。

3. 服务员招待顾客，将顾客点的食物送到厨师那里烧烤。

4. 老板算餐费，站在门口招呼顾客，解决店内的大小事情。

评析

幼儿园门口和夜市上总会出现各种各样的小商贩，各具特色的小商品和小吃吸引着幼儿前去购买。幼儿对这样的小商贩的买卖形式比较熟悉，他们创设了彩虹美食车和烧烤店，幼儿在操作间穿串、烤串，开心地叫卖，在不知不觉中体验到了与人交往的快乐和劳动的辛苦。

黑龙江省虎林市八五六农场幼儿园　韩平

角色区

144 大剧场

活动名称： 大剧场

适宜年龄： ★小班

活动目的：

1. 激发幼儿的表演愿望。
2. 发展幼儿的语言表达能力。

材料准备：

表演时装、各种自制打击乐器、各种小动物头饰、面具、高跷、麦克风、节目单。

游戏玩法：

1. 几名幼儿商讨要表演的节目，选择相应的服装和道具。
2. 幼儿分角色表演，边说台词边做动作，可用手偶，也可用各种头饰或者面具。
3. 开始可以由教师带领幼儿进行游戏，幼儿自己提出游戏主题、装扮游戏角色。待幼儿熟悉游戏后，可进一步发展到由部分幼儿带领其他幼儿一起游戏。

评 析

小班幼儿对角色游戏是很感兴趣的，但他们在游戏的过程中常常会忘掉自己的角色。所以，教师对于小班幼儿角色游戏的指导应着重于增强他们的角色意识，通过指导，帮助启发幼儿回忆已有的对于自己所扮演角色的感性认识，丰富他们的角色行为和语言，逐步充实游戏内容和主题，培养幼儿独立游戏的能力。

黑龙江省虎林市八五六农场幼儿园　韩平

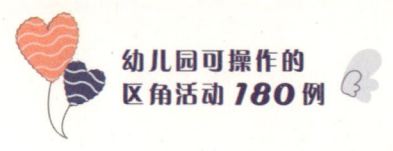

145 开心超市

活动名称： 开心超市

适宜年龄： ⭐大班

活动目的：

1. 促进幼儿社会性行为及社会性品质的发展。
2. 在游戏中锻炼幼儿对数的敏感，以及 20 以内数的组成与分解。

材料准备：

1. 收银台、游戏币、纸、笔、超市提篮。
2. 超市里需要的各种商品，如幼儿感兴趣的小玩具、小文具，包括但不限于小笔记本、尺子、涂色笔、橡皮擦、手工材料包等。

游戏玩法：

1. 收银员：负责核对顾客购买物品的数量、价格，收取正确的游戏币，并开具"发票"。
2. 导购员：负责向顾客介绍各种物品，吸引顾客购买，并负责整理超市物品，维持超市内架子、物品的整齐。
3. 顾客：根据自己的需要及游戏币数量自由选择商品。

评析

购买游戏是幼儿非常喜欢的一个游戏,平时生活里购买商品或多或少会受到家人的干预,而在游戏里,幼儿可以真正做自己的主人,自由支配自己的游戏币。"开心超市"游戏可以帮助幼儿建立独立自主的人格,提高自我管理、自我控制的能力。

四川省成都市成都高新区和美实验幼儿园　刘冬梅

146 快乐音乐

活动名称：　快乐音乐

适宜年龄：　★中班

活动目的：

1. 认识简单的图谱。
2. 学会打拍子。
3. 能够认知不同的乐器。

材料准备：

沙锤、小号、图谱、鼓、音乐盒、喇叭、双响鼓、锣等各种废旧物品制作的乐器,制作不同的音符粘贴在墙上。

游戏玩法：

1. 选择一首歌曲,将这首歌曲的相应图谱贴在墙上。
2. 幼儿自由选择一种乐器演奏。
3. 一人指挥,其他人合奏。

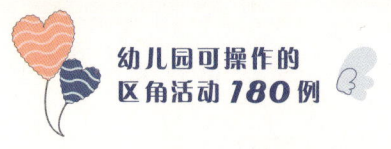

评 析

区角可以让幼儿自由活动,让他们在歌唱、律动、节奏、欣赏与表演等不同类型的活动中有效学习音乐技能,发展音乐智能,体验打击乐带来的快乐。

黑龙江省虎林市八五六农场幼儿园　何峰莉

147 老字号包子铺

活动名称：　老字号包子铺

适宜年龄：　⭐大班

活动目的：

1. 使用"货币"购买相应的食物,积累生活小常识。

2. 学会讨价还价,多与人交谈。

3. 充分、合理地运用各种材料制作食物,懂得整理物品。

4. 能够自由选择食物,知道吃多少拿多少,不浪费粮食。

材料准备：

调料盒、酱油、醋瓶、面板、缝制的肉包子、彩泥做的蒸饺、菜单。

游戏玩法：

1. 扮演厨师、服务员的幼儿,自然地在活动中操作、交流、合作、探索。

2. 厨师、服务员把包子铺售卖的食物自由摆放到相应的位置上,根据已有生活经验填写价格标签。

3. 分给每名幼儿不同面值的"钱币",请他们购买包子时根据手中"纸币"面值的大小,选择要买的包子。

4. 幼儿在菜板上和面、擀面、包包子,顾客自由点餐,享受美食。

5. 收银员根据顾客点的餐收取费用。

评析

现在很多年轻家长不做早餐,而是带幼儿去早餐店吃早餐,幼儿对早餐店比较熟悉。幼儿能够在活动中创设的老字号包子铺里扮演各种较为熟悉的角色,进行模拟买卖。买卖过程中,教师应鼓励小顾客和服务员多交流,发展幼儿之间的语言表达能力与社会交往能力。

黑龙江省虎林市八五六农场幼儿园　何峰莉

148 美发厅

活动名称：美发厅

适宜年龄：⭐大班

活动目的：

1. 提高幼儿的交往能力。
2. 提升幼儿的审美能力。
3. 锻炼幼儿小手的灵活性。

材料准备：

热水器、卷发器、吹风机、剪刀、镜子、化妆箱、发卡等模具,以及理发价格表。

游戏玩法：

1. 理发师招呼顾客,给顾客洗头发、剪头发、设计发型。
2. 顾客们把自己的想法告诉理发师。
3. 理发师与顾客沟通,做出令顾客满意的发型。

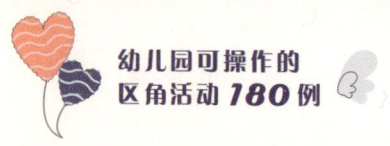

评析

在美发厅，幼儿们洗发、染发、剪发、烫发、化妆、表演，体现着他们对美的渴望和向往。游戏过程中幼儿慢慢摸索，如细心吹头发、编辫子等，锻炼了小肌肉动作，增强了自理能力。到后期，可以鼓励幼儿从家里带来丝绸、纸盒、报纸等废旧物品，自己制作服装和头饰，再加上独特的发型，可以举办一场表演，让幼儿展现美、感受美。

黑龙江省虎林市八五六农场幼儿园　韩平

149 皮影小剧场

活动名称：　皮影小剧场

适宜年龄：　★大班

活动目的：

1. 促进幼儿交往沟通能力的发展。
2. 体会中国古老文化的精髓。
3. 锻炼幼儿的自我表现能力和自信心。

材料准备：

动物卡片、绘本故事、各类头饰等。

游戏玩法：

1. 在对绘本故事进行初步理解后，幼儿根据自己的理解以皮影的方式重现故事情节。

2. 在区角活动完成后，小演员们要把物品收拾干净，摆放整齐。

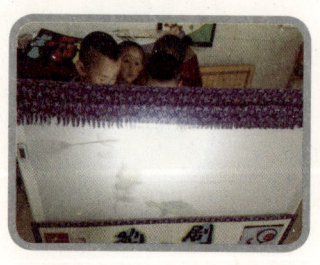

评 析

　　表演活动不仅锻炼了幼儿的语言表达能力和表演能力，也提高了幼儿的自信心。在以后的活动中，教师要及时整理幼儿在区角中遇到的问题，让每个幼儿都得到发展。教师也可以在皮影小剧场表演的基础上，引导幼儿创编舞蹈、歌曲，对绘本内容进行升华，开展绘本剧演出。

山东省东营市河口区义和镇中心幼儿园　李月梅

150 闪电速递

活动名称：　闪电速递

适宜年龄：　★大班

活动目的：

　　1. 通过投放的材料，让幼儿体会当今社会最为流行的行业——快递。

　　2. 能够按照规则进行游戏，游戏结束后能够把相应物品放回原位。

材料准备：

　　快递单、包装纸、纸袋子、包装盒。

游戏玩法：

　　1. 幼儿进入区域，通过猜拳的游戏形式进行角色分配（顾客、工作人员、快递员）。

　　2. 顾客将自己的快递包装好，交给闪电速递的工作人员。

　　3. 闪电速递的工作人员根据顾客的要求填写快递单，然后粘贴在快递包上，将要快递的物品放进快递包，交给快递员。

　　4. 快递员根据快递单上的信息，派送快递。

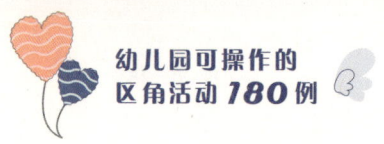

评析

　　大班幼儿对进行游戏活动已比较熟悉，他们不再局限于玩简单的游戏，情节的推动更能引发他们参与游戏的兴趣，在游戏中探索未知的一切，同时增进幼儿间的社会性交往。通过投放的材料，让幼儿体会当今社会最为流行的行业——快递，通过猜拳这一相对公平的方式轮流交换角色，使幼儿了解游戏中各个角色既相互联系又相互独立，这可以帮助幼儿自主建构并自觉遵守游戏规则，真正让幼儿出于自己的兴趣和愿望来进行游戏。

山东省济南市二机床集团有限公司幼儿园　丁莹

151 我是小小主持人

活动名称： 我是小小主持人

适宜年龄： ★中班

活动目的：

　　充分发挥幼儿的想象，获得快乐的交往体验。

材料准备：

　　绒布、彩色纸条、话筒、铃鼓。

游戏玩法：

　　1. 搭建不同舞台样式：绒布装饰成的小舞台、屏风式的活动小舞台、彩色纸条布置成的小舞台、电视屏幕式的立体小舞台。

　　2. 请幼儿上前主持。请其他小朋友有表情地朗读自己喜欢的儿歌和故事。

　　3. 请每个幼儿上台表演。邀请自己的好朋友到前面来表演，游戏可反复进行。

　　4. 幼儿自主评出最佳小主持，并进行颁奖。

角色区

> **评 析**
> 角色游戏融想象、创造于一体，对幼儿创造能力的培养与发展起着不可低估的作用。"我是小小主持人"的表演活动不仅能锻炼幼儿的人际交往能力，还能促进幼儿集体观念的发展和良好个性品质的形成。

山东省潍坊市昌乐县贵和幼儿园　陈淑兰

152 养生茶社

活动名称：　养生茶社

适宜年龄：　⭐大班

活动目的：

1. 促进幼儿交往沟通能力的发展。

2. 体会中国文化的博大精深。

3. 锻炼幼儿的动手能力。

材料准备：

茶壶、茶杯、各类茶叶、值日生表格、任务转盘等。

游戏玩法：

1. 幼儿进入区角，根据本班值日生值班表进行小掌柜角色安排，整理当天所需的茶叶、茶水。

2. 首先根据值日签到表确定小掌柜角色，然后开始泡茶，根据需要把茶水送给需要的顾客，然后通过任务转盘抽取自己的任务。

3. 抽到自己的任务后，独立完成。

4. 在区角活动完成后，小掌柜要把这一天的茶具收拾干净，物品摆放整齐。

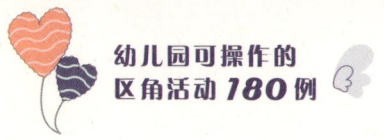

评 析

在日常生活中，幼儿要加强对各种茶叶的认知，了解茶叶的药用价值，争取在以后饮用时能够自主合理搭配。幼儿在活动中动手动脑能力得到了锻炼。

山东省东营市河口区义和镇中心幼儿园　李月梅

153 邮政小银行

活动名称：　邮政小银行

适宜年龄：　★大班

活动目的：

1. 会用简单的语言为顾客提供帮助，初步熟悉银行游戏的基本流程。
2. 能按照示意图进行存款游戏，感受银行游戏的趣味性。

材料准备：

存款步骤示意图、存款单、玩具币、印章、磁卡等。

游戏玩法：

1. 幼儿进入角色区，银行工作人员准备好玩具币、印章等，准备迎接顾客。
2. 顾客带着"钱"来银行存款，前台接待顾客，并提示顾客按照示意图填写存款单，顾客填好单子去柜台办理存款或取款。
3. 没有顾客时，工作人员打扫整理，随时准备迎接顾客。

评 析

　　幼儿对银行既熟悉又陌生，熟悉是因为在街道旁总能看到有人从银行门口进进出出，但却不太清楚这些人去银行做了些什么。游戏中，幼儿们通过探讨、语言提示、示意图暗示，能够按照银行的基本流程顺利推进游戏进程。幼儿的表达能力在交流中得到了锻炼。

江苏省无锡市杨市中心幼儿园　杨荷芳

154 中医馆

活动名称：　中医馆

适宜年龄：　⭐中班 ⭐大班

活动目的：

　　1. 让幼儿了解中国传统医术——中医。

　　2. 让幼儿知道通过按摩、艾灸等治疗方法可以给人治病。

材料准备：

　　各种中医膏药、刮痧棒、拨筋棒、罐瓶、艾灸棒。

游戏玩法：

　　1. 幼儿自己选择医疗工具进行游戏。

　　2. 幼儿根据自己的就医经验进行合作活动。

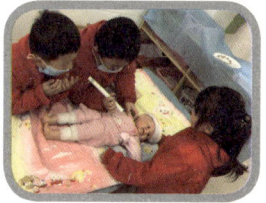

评 析

　　幼儿通过此次活动，可以对中医有一个初步的认知。教师可再通过让幼儿体验按摩、推拿、刮痧、拨筋等一系列的中医诊治操作，启蒙幼儿学习中国传统文化的兴趣。

河南省驻马店市正阳县幼儿园　邹琦

155 "会动"的故事

活动名称：　"会动"的故事

适宜年龄：　★中班 ★大班

活动目的：

1. 在动手表演的同时能根据不同的图片条理较清晰地讲述故事。
2. 在讲述故事的同时学习动词、形容词、量词等的基本运用。
3. 激发幼儿大胆讲述故事的兴趣。

材料准备：

1. 自制故事箱及场景。
2. 不同故事的图片辅助道具。

游戏玩法：

1. 根据提供的故事图片选择适当的场景，在利用故事人物表演的过程中创编并讲述故事。
2. 可以两位幼儿进行对话式的故事表演。
3. 借助教师提供的图片大胆创新已有的故事。

评析

　　打破看图讲述故事的单一形式，本次活动为幼儿创设了立体的故事场景，根据兴趣选择故事内容很好地满足了幼儿自我认知和自我选择的需求，将表演和讲述融为一体，有操作也有表达。在角色讲述过程中，幼儿的表达力、想象力和创造力等得到了发展。

内蒙古自治区鄂尔多斯市东胜区伊克昭幼儿园　　李娜

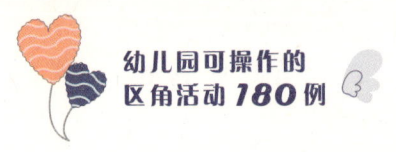

156 "偏旁"钓鱼

活动名称：　"偏旁"钓鱼

适宜年龄：　★大班

活动目的：

1. 了解每个汉字都有偏旁的特征。
2. 通过钓鱼游戏初步感知常见汉字的偏旁。
3. 乐于参与找偏旁的游戏，萌发爱祖国的情感。

材料准备：

钓鱼竿4份、"偏旁"小鱼若干、贴有偏旁的色子1个。

制作方法提示：筷子上系绳子，绳子上挂金线做的钩子、小鱼身上贴偏旁、色子上贴6个偏旁。

游戏玩法：

先将所有的小鱼放入"池塘"，然后一名幼儿扔色子，扔到什么偏旁，所有幼儿开始钓有该偏旁的小鱼，直到钓完池塘中有该偏旁的小鱼为止。再请另一名幼儿扔色子，开始新一轮的"偏旁"钓鱼。

评析

提供材料的数量应该由少变多，汉字内容由简单、清晰到复杂、烦琐，给予幼儿适应和不断挑战的机会。

浙江省海宁市实验幼儿园教育集团实验幼儿园　郁晓洁

157 抱抱阅读吧

活动名称：抱抱阅读吧

适宜年龄：★中班

活动目的：

1. 能按顺序翻阅图书，乐于向同伴讲述自己在书中看到的内容，体验分享图书的乐趣。
2. 知道爱护图书，轻拿轻放，看书时能较自觉地保持安静。
3. 尝试扮演故事里的角色，表演故事。

材料准备：

图书若干、纸偶、布偶、头饰。

游戏玩法：

1. 进入活动区，2人一组看图书、讲故事，学习分享自己的故事。
2. 教师巡回观察指导，引导幼儿从前往后翻，根据图画猜想故事并讲给同伴（玩偶）听。
3. 鼓励能力强的幼儿为大家表演在书中看到的故事。

评析

中班幼儿要克服"自我中心"的心理倾向，教师要帮助他们树立、强化分享意识。活动中，幼儿2人一组看书，活动区的玩偶、头饰、指偶不但能为幼儿看书增添乐趣，还可以充当观众，也可以做故事里的主人公，有了这些玩偶，整个活动区的氛围就变得更加温馨愉悦。

重庆市新桥医院幼儿园　曾淑红

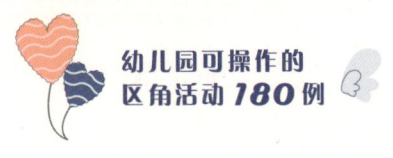

158 创意编辑社

活动名称：　创意编辑社

适宜年龄：　★大班

活动目的：

1. 能迁移生活经验，尝试仿编儿歌（诗歌），并用自制小书的方式来表现。

2. 积极参与仿编和美工活动，乐于在同伴面前大胆讲述。

材料准备：

幼儿用书、制作图书步骤图、记号笔、水彩笔、订书机、白纸、彩纸等。

游戏玩法：

1. 幼儿进入区角，选择书中自己感兴趣的儿歌（诗歌），跟同伴一起念一念，再根据自己的生活经验，按照儿歌（诗歌）的句式进行仿编，把自己创编的内容用绘画的方式画在纸上。

2. 幼儿自主阅读步骤图，尝试将刚才绘成的图画纸制作成小书，并和同伴一起交流、朗读自己仿编的儿歌（诗歌）。

评析

　　诗歌语句优美，儿歌朗朗上口，大班幼儿生活经验较丰富，想象力、创造力有了很大的提升，在此基础上，幼儿对仿编、创编儿歌（诗歌）有着较大的兴趣。同时，大班幼儿也具有了一定的绘画和动手技能，能够把仿编的儿歌（诗歌）画出来，制作成小书，和同伴一起开心地讲述，这不但能锻炼幼儿的语言表达能力，而且能让他们体会到自制作品的喜悦。

江苏省无锡市杨市中心幼儿园　章琳燕

159 打电话

活动名称： 打电话

适宜年龄： ★大班

活动目的：

1. 创设拨打电话的语境，在一来一回的游戏中提升幼儿的语言表达能力。
2. 在两两游戏过程中，萌发幼儿对语言游戏的喜爱之情。

材料准备：

电话机，数字电话号码，表示时间、地点、事件的图片各2份。

游戏玩法：

两人一组，面对面，一名幼儿做打电话者，另一名幼儿做接电话者。打电话者打电话前抽取写有电话号码、时间、地点和事件的卡片，然后拨打电话，告知对方打电话的目的，围绕"时间、地点和事件"进行讲述，接电话者可随机进行互动。然后互换角色，继续游戏。

评析

"打电话"借助简单的材料，贴近幼儿的日常生活，深受幼儿喜爱。首先，在反复游戏过程中可发展幼儿的语言表达能力，提升他们语言表达的完整性。其次，教师在选择卡片内容时，主要考虑要围绕幼儿的日常生活，这样才能使幼儿在游戏过程中有话可说，有内容可聊，使幼儿保持较高的活动积极性。

浙江省海宁市实验幼儿园教育集团实验幼儿园　李燕琪

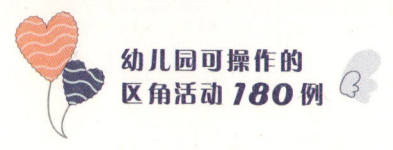

160 公鸡头、母鸡头

活动名称： 公鸡头、母鸡头

适宜年龄： ⭐小班

活动目的：

1. 能够在反复游戏的过程中自然地学念儿歌，熟悉一问一答的对话形式。

2. 在两两游戏过程中，萌发对语言游戏的喜爱之情。

材料准备：

黄豆、蚕豆、南瓜、辣椒、纽扣、珠子、小盆等，若干。

游戏玩法：

两人一组，面对面，一名幼儿做藏物者，另一名幼儿做猜物者。藏物者在猜物者闭眼时偷偷把一颗黄豆握在左手或右手中。两人一起念："公鸡头、母鸡头，黄豆黄豆在哪头？在这头，在那头？猜猜黄豆在哪头？"然后请猜物者来猜测藏物者的哪只手藏有黄豆，并用语言表达。最后互换角色，继续游戏。

> **评 析**
>
> "公鸡头、母鸡头"借助简单的材料，在反复游戏的过程中使幼儿自然地学念儿歌，熟悉一问一答的对话形式，并练习豆、头等字的正确发音。当幼儿熟练掌握游戏后，可替换藏的"宝贝"，一方面学习改编儿歌，另一方面在游戏材料替换中积累名词词汇，练习正确发音。

浙江省海宁市实验幼儿园教育集团实验幼儿园　李燕琪

161 故事大咖秀

活动名称： 故事大咖秀

适宜年龄： ★大班

活动目的：

1. 能独立清楚、有声有色地讲述故事，自主选择服装道具进行表演。
2. 能专心倾听同伴讲述，发表自己的见解。

材料准备：

表演小舞台、节目海报、金话筒、装扮道具、记分牌、小椅子、"故事大咖"奖状等。

游戏玩法：

1. 幼儿进入区角，小主持人上台宣布今天的"故事大咖秀"正式开始。
2. 表演嘉宾按照自己的故事需要，选择服装道具装扮好，按顺序上台表演。
3. 观众评委在嘉宾表演结束后，进行简短的评价和举牌表决。
4. 小主持人将评委的举牌情况记录好，最后宣布今天的最佳"故事大咖"，并颁发奖状。

评析

把舞台搬进幼儿园，让幼儿把故事带上舞台，不仅为幼儿营造了一个勇于表达的语言氛围，也为幼儿提供了一个展示自我的机会，还让幼儿的语言表达能力、口语发展能力和倾听能力都能得到了进一步提高，同时锻炼了幼儿的胆量，增强了他们的自信心。

江苏省无锡市杨市中心幼儿园　章琳燕

162 故事盒子

活动名称：故事盒子

适宜年龄：⭐中班

活动目的：

1. 能够利用故事盒子里面的内容进行讲述，提高幼儿的语言表达能力。
2. 培养幼儿边操作边讲述的能力。
3. 鼓励幼儿根据提供的角色进行创编。

材料准备：

故事盒子、故事背景图片、角色卡片（各种材质）。

游戏玩法：

玩法一：幼儿用"插、摆、贴"等方式一边操作一边讲述故事。

玩法二：幼儿自选背景图片和角色自编故事，能够讲述自编故事或以小组的形式分角色创编故事。

评 析

　　以往，在游戏中幼儿都是单独阅读故事或者教师讲幼儿听，而故事盒子的游戏性和操作性比较强，能够激发幼儿的阅读兴趣，还可以让幼儿体验到和同伴相互合作的乐趣，提高幼儿的语言表达能力。

山东省烟台市莱州市金城镇公办中心幼儿园　赵晓

语言区

163 故事会

活动名称： 故事会

适宜年龄： ⭐大班

活动目的：

1. 为幼儿营造一个学说话、敢说话、会说话、勇于表达的语言氛围，提高语言表达能力。

2. 为幼儿提供一个展现自我的舞台，提高幼儿的综合素质。

材料准备：

影音视频。

游戏玩法：

幼儿进行故事分享，故事类型不定，可以是童话故事、健康绘本、成语故事、寓言故事，也可以是幼儿自身发生的故事。

评 析

活动培养了幼儿的语言表达能力，促进了幼儿口语表达能力的发展，锻炼并丰富了幼儿的词汇，拓宽幼儿的知识面，也为幼儿间的交往提供了一个良好的平台。

山东省潍坊市昌乐县贵和幼儿园　陈淑兰

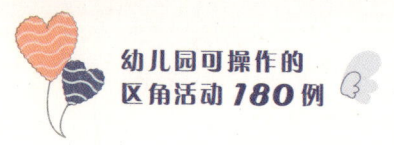

164 快乐演说家

活动名称： 快乐演说家

适宜年龄： ★中班

活动目的：

幼儿尝试运用操作材料进行讲述，对讲述活动感兴趣。

材料准备：

装有各种故事角色的故事盒若干。

游戏玩法：

1. 根据故事内容与同伴协商并确定故事角色。

2. 根据故事情节发展，依次出示角色，边操作边大胆讲述故事。

3. 交换角色进行讲述。

评析

幼儿喜欢讲故事，也喜欢听故事，本活动可以充分发展幼儿的语言表达能力。教师也可以引导幼儿在美工区选用纸杯等材料自制教具或场景，投放到语言区进行讲述。教师应鼓励幼儿从自制材料中选择场景，大胆创编故事。

山东省烟台市莱州市金城镇公办中心幼儿园　何文娜

165 快乐阅读者

活动名称： 快乐阅读者

适宜年龄： ⭐中班 ⭐大班

活动目的：

1. 感受阅读活动的乐趣。

2. 能逐页翻书并理解故事内容。

3. 学会与同伴交流，大胆讲述故事。

材料准备：

绘本、幼儿故事书若干。

游戏玩法：

1. 幼儿进入区角，自主选择一本喜欢的图书坐在桌子前逐页进行阅读。

2. 阅读过程中遇到困难时，邀请同伴进行讨论、交流。

3. 同伴轮流讲述故事内容（一人讲述时，其他人安静聆听）。

评析

在生活中，教师可以鼓励幼儿多发现、多回忆，引导幼儿尝试通过画、贴等技巧自制图画故事书投放到阅读区。

山东省烟台市莱州市金城镇公办中心幼儿园　何文娜

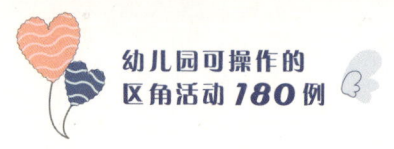

166 奇妙的石头

活动名称：奇妙的石头

适宜年龄：★大班

活动目的：

1. 围绕石头展开想象，创编有趣的故事。
2. 能将创编的故事大胆讲述给同伴听。
3. 能解答同伴提出的疑问。

材料准备：

实物石头、小椅子若干。

游戏玩法：

1. 游戏中，可以选定一名幼儿为主讲人，主讲人需要围绕石头进行故事创编。其他幼儿围坐在主讲人身边，倾听主讲人讲故事，当对创编的故事有疑问时，倾听的幼儿可以提问，主讲人要对幼儿提出的问题进行解答，直至大家都接受为止，然后继续创编故事。

2. 幼儿创编故事和讲述故事的经验不断丰富后，可以规定单位时间，比如每人3分钟时间创编并讲述，时间一到，下一名幼儿接着上一名幼儿创编的故事进行接龙。

> **评析**
> 每个幼儿都喜欢编故事、讲故事，倾听同伴创编故事能不断扩展幼儿的语言经验，在倾听中发现疑问和解答同伴的疑问可以提高幼儿的逻辑思维能力和语言表达能力。

湖北省宜昌市兴山县教育培训研究中心　杨菊孝

167 手指偶表演

活动名称： 手指偶表演

适宜年龄： ⭐大班

活动目的：

1. 幼儿自主选择手指偶进行情景表演，提高幼儿的口语表达，人际交往，小组分工、合作、协商等方面的能力。

2. 感受传统文化带来的乐趣，培养幼儿的合作意识。

材料准备：

利用黏土，橡皮泥，彩纸，废旧布料自制的各种手指偶、小手偶等。

游戏玩法：

1. 教师投放不同的表演主题，如春游、游乐场、生日会等，让幼儿根据主题创编故事。

2. 幼儿自主选择感兴趣的手指偶，自主分配角色，编排故事情境。

评 析

教师在每次区角活动中，应有侧重点和目的性，可以结合区角活动内容投放主题。教师应注意引导幼儿完整表述要讲的内容，强调幼儿注意说话时的语气、语感、动作、表情等。

黑龙江省虎林市八五六农场幼儿园　丁相娜

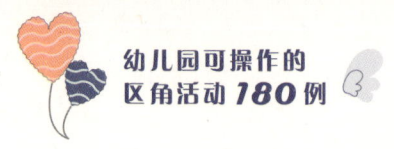

168 我爱阅读

活动名称：我爱阅读

适宜年龄：★中班 ★大班

活动目的：

1. 知道图书由封面、封底、目录和正文组成，掌握正确的看书方法。
2. 基本上能看懂图书内容，并能表达出来。
3. 了解国际读书日的由来，爱惜图书，能与同伴分享读书感受、交流读书的乐趣。

材料准备：

1. 一本供幼儿自查图书的书目。
2. 不同种类的幼儿图书。
3. 幼儿自带一本喜欢的图书。

游戏玩法：

1. 幼儿安静地进入区角，自由选择图书阅读。
2. 把自己看到的有趣图书和周围的同伴分享。
3. 与同伴交换图书，创编故事。

评析

良好阅读习惯的养成不是一蹴而就的，需要不断积累。开展形式多样的幼儿区角阅读活动，旨在培养幼儿良好的自主阅读习惯和能力，而创编故事则能有效提高幼儿的语言表达能力和交往能力。

安徽省蚌埠市陆军装甲兵学院蚌埠校区幼儿园　王京丽

169 戏说脸谱

活动名称： 戏说脸谱
适宜年龄： ★大班
活动目的：

1. 欣赏脸谱的色彩、图案、造型特点，感知其与人物性格、身份、技艺的关系并能简单描述。

2. 借助视频、图谱，熟悉京剧表演的形式，能生动地进行模仿和表演。

3. 感受京剧艺术的魅力，萌发热爱祖国传统艺术的美好情感；体验读书的乐趣。

材料准备：

脸谱、脸谱图片、舞步图、平板电脑、录音机等。

游戏玩法：

1. 幼儿进入区角，欣赏各类京剧脸谱图片，和同伴一起说一说不同颜色、不同表情脸谱代表的人物性格和身份，也可以对脸谱进行分类。

2. 幼儿在平板电脑、录音机上欣赏一些京剧的视频和音频，观察生、旦、净、丑等不同角色，和同伴一起探讨各个角色装扮的不同、唱腔的不同。

3. 幼儿自由选择角色，带上京剧脸谱面具，看着舞步图和同伴一起合作表演。

> **评析**
>
> 京剧融合了中华民族文化传统与审美情趣的精髓，能给幼儿带来感官上的刺激和享受。幼儿在欣赏京剧脸谱、聆听不同角色独特的唱腔中提高了自身的审美能力，锻炼了与人合作、交往、交流的能力，进一步提升了语言表达能力。

江苏省无锡市杨市中心幼儿园　赵陈波

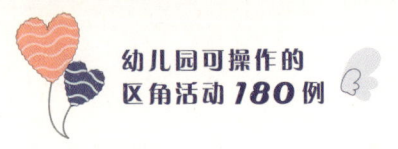

170 小猫爱钓鱼

活动名称： 小猫爱钓鱼

适宜年龄： ★中班

活动目的：

1. 喜欢听故事、讲故事，熟练掌握故事内容。
2. 能根据自己选择的故事，在同伴面前进行表演。

材料准备：

1. 前期经验准备：幼儿熟悉的绘本书若干。
2. 相应图书角色的头饰、道具若干。

游戏玩法：

1 根据绘本内容选择相应的头饰及道具，通过表演向大家讲述绘本描述的故事。

2. 表演后，请同伴一起到池塘边钓鱼，创编新的《小猫钓鱼》故事。

评 析

活动为幼儿营造了一个敢于说话、勇于表达的语言氛围，为他们提供了一个展现自我的舞台。以表演的形式讲述故事，不仅加深了幼儿对故事的理解，而且语言表达能力也得到了提高。

山东省荣成市虎山镇中心幼儿园　蔡华荣

171 "数字蛋堡"奇遇记

活动名称:"数字蛋堡"奇遇记

适宜年龄:⭐大班

活动目的:

1. 学习掌握10以内的相邻数和单双数。
2. 能够正确完成10以内的加减法算术题。
3. 喜欢与同伴开展数字游戏。

材料准备:

1. 自制"数字蛋堡"若干。
2. "答题板"1张。

游戏玩法:

1. "蛋堡"大团圆:一名幼儿在筐子里选取一片写有算式的"数字蛋堡",请同伴找到与其得数、颜色及形状相对应的另外一片,拼成一个圆形的"数字蛋堡"。

2. "蛋堡"来接龙:幼儿按照单双数规则,轮流选择"数字堡",在题板上进行接龙排序。

3. "蛋堡"找邻居:一名幼儿选取一个写有数字的"蛋堡",可以放在题板"相邻数"的任意位置,其他幼儿找出它的相邻数。

4. "蛋堡"加减配:幼儿分别找到得数相同的算式放在题板等号的两边。

评析

　　大班幼儿数学学习内容的难度相对有所增加,有趣的"'数字蛋堡'奇遇记"把枯燥的学习内容变得生动有趣,激发了幼儿对数字游戏的兴趣,充分发挥了一种材料多种用途的优势,让幼儿在游戏中学习、巩固了相关数学知识。

山东省济南市二机床集团有限公司幼儿园　张蒨

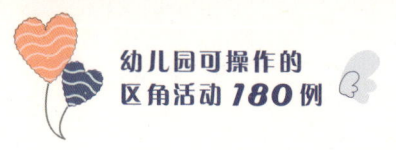

172 穿项链

活动名称：穿项链

适宜年龄：⭐中班

活动目的：

1. 通过自主穿项链，学习"ABAB""ABB"等规律。
2. 锻炼幼儿的小手灵活性和促进手部小肌肉的发展。
3. 体会与同伴一起游戏的乐趣。

材料准备：

各种各样的珠子、管子、雪花片、金线、毛线、妈妈的项链展示板等。

游戏玩法：

玩法一：自由发挥穿项链，幼儿可根据自己的喜好，随意穿项链。

玩法二：任务驱动穿项链，幼儿看着图片上的提示，拷贝穿项链。

玩法三：创意创新穿项链，幼儿在学习数学规律的基础上，创意地穿出有规律的项链。

完成作品后，幼儿可戴上自己穿的项链走秀，最后将项链穿在代表妈妈的展示板上，做成一个展示品，既可以增强幼儿的自信心，又可以供下一次去该区域活动的幼儿学习模仿。

> **评析**
>
> 项链是幼儿在日常生活中经常看到的物品，从幼儿的兴趣点出发准备相关材料，结合数学的"ABAB""ABB"等规律设计的游戏，不仅能发展幼儿数学方面的能力，也可以促进幼儿手部小肌肉的发展。在走秀、展示项链等环节，还可以促进幼儿与同伴间的交往，增强自信心。

浙江省海宁市实验幼儿园教育集团康桥幼儿园　陆金薇

173 电影院

活动名称：电影院

适宜年龄：⭐大班

活动目的：

1. 通过电影院游戏进一步巩固二维坐标的相关知识。
2. 积极参与电影院游戏，体验在玩中学的乐趣！

材料准备：

电影院底板、多米诺（印有幼儿学号、姓名）、任务红本子、蓝色座位卡、姓名卡、"电影院"记录表。

游戏玩法：

玩法一：红本上写有幼儿的名字和学号，蓝色的写有"二排九座"的牌子准备了很多，可以随意调换插入，幼儿按照红本上的内容摆放盒中印有幼儿学号和姓名的多米诺骨牌，放满即为游戏完成。

玩法二：两只黄色的盒内一只投放幼儿的姓名，一只投放座位号（几排几座），幼儿分别从两只盒子中抽取一个姓名和一个座位号，然后根据抽取的座位号将抽中的幼儿名字摆放在"电影院"对应的位置上。

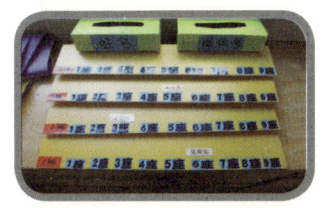

玩法三：根据玩法二，再准备一张"电影院"记录表，幼儿完成摆放后，在记录纸上写好对应的幼儿的学号。

评析

大班幼儿对班内同学的姓名和学号都十分感兴趣，建议游戏中幼儿可以边玩边说，让数学语言帮助幼儿更好地理解与掌握二维坐标。

浙江省海宁市实验幼儿园教育集团实验幼儿园　郁晓洁

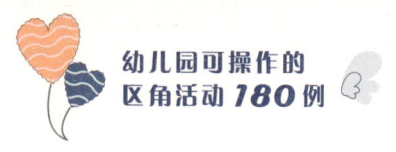

174 猫鼠大战

活动名称： 猫鼠大战

适宜年龄： ⭐大班

活动目的：

1. 在游戏化的情境中进一步巩固10以内的加减法。
2. 积极与同伴竞赛，提升数学能力。

材料准备：

猫鼠大战底板1个、两种颜色的纸杯各18个、奖励（奖杯、糖果、爱心、记分牌）、纸、笔。

游戏玩法：

1. 通过"石头剪刀布"的方式决出猫和老鼠。
2. 猫先选择喜欢的颜色纸杯，老鼠选择剩下颜色的纸杯。
3. 开始游戏：通过计算10以内的加减法，算出得数后，大的数字可以吃小的数字，通过移动纸杯吃掉小的数字的纸杯。持续游戏，直到地板上剩下2叠纸杯，纸杯多的为胜利者。胜利者可以得到一个奖励。
4. 数次游戏之后，奖励多者为最终胜利者。

> **评 析**
>
> 　　大班幼儿对数量关系已有了一定的基础，但数学学习重在自我经验的建构，如何才能改变其枯燥乏味的学科特点，让幼儿会学、乐学呢？"猫鼠大战"数学游戏，从幼儿喜欢的动物角色入手，将10以内数的加减知识蕴含其中，又捕捉了大班幼儿会合作、爱竞赛的年龄特点，不断激发其对数学学习的浓厚兴趣，使其乐此不疲。"猫鼠大战"游戏不仅提高了幼儿自主探索获取知识的能力，还使其数学知识的习得更加扎实、稳固。

浙江省海宁市实验幼儿园教育集团实验幼儿园　郁晓洁

数学区

175 毛球找家

活动名称： 毛球找家

适宜年龄： ⭐小班 ⭐中班

活动目的：

1. 能够区分颜色，知道按点数匹配实物。
2. 能够根据任务卡按颜色和数量摆放毛球。
3. 体验合作游戏的乐趣。

材料准备：

蛋托、毛球、篓子、任务卡、星星盖章若干。

游戏玩法：

1. 幼儿进入区域，选取自己所需的材料。
2. 根据任务卡上指示的颜色和数量尝试给毛球找家。
3. 请同伴帮助核对任务是否顺利完成，如果顺利完成，就在任务卡上盖上一个小星星。
4. 可以两人合作一同给毛球找家。
5. 随着游戏的深入，可进行装饰画、造型构图活动。

评 析

操作区中的很多材料，如果只是机械地进行动作练习，时间一长会使幼儿感到乏味枯燥。因此，在此游戏中，教师可用颜色鲜艳的毛球来引起幼儿的兴趣，结合不同数量、颜色、排列方向的任务卡使幼儿乐于操作，专注于尝试不同的操作方法。游戏初期，教师要侧重于对幼儿进行数量和颜色匹配练习。随着学习的深入，教师可以尝试使材料富于游戏性、情节化，可增加毛球的数量和游戏的难度，以装饰布置画面的形式来推进游戏。幼儿可以自己设计、变化每次操作的画面，以便使他们能够兴致盎然地投入活动。

江苏省淮安市洪泽湖幼儿园 胡文萃

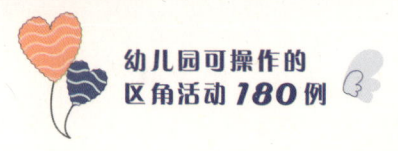

176 脑筋转转转

活动名称： 脑筋转转转

适宜年龄： ⭐大班

活动目的：

1. 在生活中，理解10以内数的概念，感知、体验10以内的数物对应。
2. 通过操作，练习用点数和接数的方法正确匹配数字，比较数量的多少、大小，按规律排序。
3. 利用几何图形拼出生活中的图案。

材料准备：

废旧的水彩笔盖、水彩笔壳、不同大小不同颜色的瓶盖、自制毛毛虫、不同颜色不同大小的几何图形、制作"鸡蛋壳"、数字卡片、点卡、光碟、夹子。

游戏玩法：

1. 两名幼儿通过比赛的形式给毛毛虫按照从少到多、从多到少的顺序排序。
2. 给幼儿分组，比赛谁能先给有数字（点）的蛋壳匹配上正确的数字或点。

3. 幼儿自选规律卡，利用瓶盖或水彩笔盖按规律排序。
4. 幼儿自选几何图形，利用不同图形拼出一个生活中自己喜欢的图案。

评析

活动中选择的材料既贴近幼儿的生活，又具有探索性和可操作性，游戏的难度也循序渐进，激发了幼儿的探索兴趣和操作欲望。

黑龙江省虎林市八五六农场幼儿园 丁相娜

数学区

177 扑克大玩家

活动名称：扑克大玩家

适宜年龄：⭐大班

活动目的：

1. 在扑克的拼摆中加强对数字的认知。

2. 通过玩扑克游戏发展幼儿的思维能力和专注力。

3. 遵守游戏规则，在合作中体验扑克游戏的乐趣。

材料准备：

扑克牌若干、底板、收纳盒。

游戏玩法：

1. 幼儿将10张扑克牌（1~10）无序排列，按要求快速找到指定的牌。

2. 两人扑克牌数字相同、数量相同，反面朝上相对摆好，轮流翻牌，翻到对子后收走。

3. 创新玩法：两人将数量和数字相同的扑克牌顺序打乱，正面朝上相对摆好，快速记忆一遍后全部翻过来。一人先翻，对方凭借记忆快速翻出与之相同的扑克牌。

评析

幼儿在玩扑克牌的游戏中，能够按照数字大小排序和找对子，在游戏的过程中发展了思维能力和创新能力。

河北省保定市清苑区第二幼儿园　刘丽红

178 趣味电话亭

活动名称： 趣味电话亭

适宜年龄： ⭐大班

活动目的：

1. 感知声音可以通过线的连接从一头传到另一头，探索线的材质不同所传播出来的声音高低、音质不同。

2. 了解电话号码的组成与结构，感知9以内的数量，并能通过操作10以内加减法得出电话号码，激发幼儿对数字、数学活动的兴趣。

3. 在"打电话"的情景中发展合作、交流能力，提升生活经验。

材料准备：

1. 自制电话亭。
2. 1~10的数字与数量操作卡片。
3. 10以内加减法操作游戏卡。

游戏玩法：

1. 创设"打电话"的游戏情景，感受声音的传输（要求：要将两个传声筒之间的连接线拉直并且明确"听"和"说"的关系，互相配合，分配好角色）。

2. 使用不同的线连接"电话"两端，感受不同材质的连接线所传播声音的不同。

3. 借助操作卡，幼儿进行数与量的对应操作，得出电话号码后拨打电话方可"接通"继续游戏。

4. 将原有数字以简单的算术形式出现，操作时幼儿需正确计算得数，得出准确的电话号码，方可使电话"接通"继续游戏。

评析

逼真的电话亭吸引着幼儿的游戏兴趣，幼儿两两合作以"打电话"的形式感受声音的传输，根据幼儿的发展情况加入有趣的"电话号码大揭秘"环节，让他们在进行情景游戏的同时进行数字游戏的训练，大大增加了活动的趣味性。

内蒙古自治区鄂尔多斯市东胜区伊克昭幼儿园　李娜

179 填补图形

活动名称：　填补图形

适宜年龄：　⭐小班 ⭐中班

活动目的：

1. 引导幼儿感知各种图形的特征。
2. 帮助幼儿了解各种图形的名称。

材料准备：

各种填补图形的底板以及相应图形。

游戏玩法：

1. 幼儿自选底板，说说上面空的地方是什么样子。
2. 在盒子里找一找，把和它们一样的图形找出来。

评析

活动提供的图形底板，按幼儿的能力发展变化，由易到难、层层递进，引导幼儿完成图形的填补、组合、拼搭等活动；让幼儿敢于挑战，提高幼儿参与活动的积极性，很好地帮助了幼儿认识图形的特征。

江苏省苏州市苏州叶圣陶实验小学幼儿园　王静

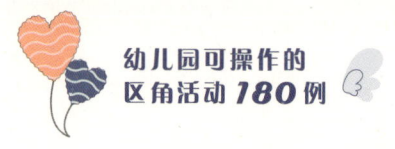

180 小手套指环

活动名称： 小手套指环

适宜年龄： ⭐小班 ⭐中班

活动目的：

1. 在手口一致点数中初步感知 5 以内的数量。

2. 学会正确匹配点与点、点与数字、点与数量，乐于和同伴一起探索数学活动。

3. 能按要求进行套圈活动，并大胆地用语言表述。

材料准备：

1. 废旧纸板制成手型，每个手指上画好相应点数。

2. 六个箩筐对应放入指环：画点的指环、画数字的指环、5 以内加减法。

游戏玩法：

1. 点与点对应套指环（小班）。

找到箩筐内与手指相对应的点数，并能套在对应的手指上。

2. 点与数字对应套指环（小班）。

找到箩筐内与手指上点数相对应的数字，并能套在对应的手指上。

3. 点与数量对应套指环（小班）。

套上与手指上相对应点数的圈。

4. 点与 5 以内的加减法对应套指环（中班）。

随意拿起筐内一个圈，算出圈上的算式，得出结果与手指上的点数相对应。

评　析

　　从幼儿喜欢的游戏入手，让幼儿边说边做，让幼儿通过动手操作、摆弄游戏材料，在游戏的氛围中学习数学，逐步体验抽象的数字概念。教师在幼儿游戏的过程中，让幼儿自主进行观察、操作，使他们感知5以内的数量。对于能力较弱的幼儿，可能一时还达不到手眼协调，教师则要耐心进行引导，教会幼儿进行一一对应数数，使幼儿建立起对数量的认识。

江苏省无锡市新安中心幼儿园善德分园　朱莉